庆祝中国共产党建党100周年主题出版物

血性映征途

红军精神是这样炼成的

徐焰　著

SPM
南方出版传媒
广东经济出版社
·广州·

图书在版编目（CIP）数据

血性映征途：红军精神是这样炼成的/徐焰著. —广州：广东经济出版社，2021.2
ISBN 978-7-5454-7597-5

Ⅰ.①血… Ⅱ.①徐… Ⅲ.①中国工农红军长征—史料
Ⅳ.①E264.406

中国版本图书馆CIP数据核字（2020）第259854号

策划编辑：周　晶
责任编辑：刘　倩　毛一飞
责任校对：陈运苗
责任技编：陆俊帆
封面设计：仙　境
版式设计：友间文化

血性映征途：红军精神是这样炼成的
Xuexing Ying Zhengtu: Hongjun Jingshen Shi Zheyang Liancheng de

出版人	李　鹏
出　版 发　行	广东经济出版社（广州市环市东路水荫路11号11～12楼）
经　销	全国新华书店
印　刷	恒美印务（广州）有限公司（广州市南沙经济技术开发区环市大道南路334号）
开　本	787mm×1092mm　1/16
印　张	14.5
字　数	220 000字
版　次	2021年2月第1版
印　次	2021年2月第1次
书　号	ISBN 978-7-5454-7597-5
定　价	78.00元

如发现印装质量问题，影响阅读，请与承印厂联系调换。
发行部地址：广州市环市东路水荫路11号11楼
电话：（020）37601950　邮政编码：510075
邮购地址：广州市环市东路水荫路11号11楼
广东经济出版社常年法律顾问：胡志海律师

作者简介

作者徐焰在娄山关红军战斗遗址前留影

徐焰，国防大学技术二级教授，博士生导师，校军事思想和军事历史学科带头人，少将军衔。现兼任中国军事科学学会历史分会副秘书长，先后任清华大学国际问题研究所、中山大学、哈尔滨工程大学、四川大学等十几所高校的兼职教授；连续三次被评为国防大学杰出教授，并荣获“全军优秀教师”称号和“全军杰出科技人才奖”。曾在美国斯坦福大学国际安全和军备控制中心、日本防卫大学做访问学者和讲学。二十多年来出版学术著作二十多部，其中有一些被翻译成日、英文出版，1995年在日本出版的《中国对日作战史录》，是战后唯一一部全面阐述中国观点的抗战史专著，江泽民主席当时曾为此书题辞。此外，还撰写过几十部电视剧剧本并在中央电视台、北京电视台播出，长期担任中央电视台、中央人民广播电台的特邀嘉宾。

前言

Preface

支撑长征胜利靠理想信念

岁月如梭，逝者如斯。弹指一挥间，中国工农红军（简称“红军”）长征那段光辉的历史已经过去了80多年。沧海桑田、人间巨变。昔日积贫积弱受尽列强欺凌、多数人饥寒交迫的国家，如今经济总量已跃居世界第二位，“长缨在手”的军事斗争式样也早被机械化、信息化取代。对我们这些进入老年期的后辈来说，前辈的奋斗业绩早已经刻入了历史的年轮；而对今天在网络环境中成长起来的青年人来说，那场波澜壮阔的革命斗争更是遥远而陌生。不过，如今我们立足的一切都是历史的延续，现在的人们如果想具备深邃的目光，不忘初心，还是应该温故知新，通过探寻前辈走过的道路来为未来的发展定下正确的坐标。当年红军在那么艰苦的环境下能够坚持长征，靠的正是“革命理想高于天”的信念。如今的新一代应该思考——万里征途中那些舍生忘死的革命者的理想是什么呢？这些理想对今天的人又有哪些启示呢？

打碎旧制度、建设新世界的信念支撑着红军

“苦不苦，想想红军二万五。”这句激励斗志的常用语，几十年来为亿万中国人所熟悉。红军从创建之初便扎根在井冈山这类穷乡僻壤之处，长征中所经历的艰辛更是常人难以想象的，若换成别的军队恐怕早就散伙了，红军却能“艰难奋斗而不溃散”，根本原因就是红军有坚定的理想信念，这是红军参加革命的“初心”。这一理想信念，按照毛泽东的概括就是：“经过政治教育，红军士兵都有了阶级觉悟，都有了分配土地、建立政权和武装工农等项常识，都知道是为了自己和工农阶级而作战。因此，他们能在艰苦的斗争中不出怨言。”①

马克思研究社会发展史，曾精辟地指出：“人们奋斗的一切，都与他们的利益相关。”②1917年俄国十月革命时，列宁领导的布尔什维克根据人民

油画《红军上政治课》描绘了红军接受政治教育的场面。（郑洪流作品）

① 毛泽东：《毛泽东选集》第一卷，人民出版社，1991，第64页。

② 中共中央马克思恩格斯列宁斯大林著作编译局：《马克思恩格斯全集》第一卷，人民出版社，2002，第187页。

停止战争、获得土地和面包的切身利益需要，提出了《和平法令》《土地法令》，几天之内就在万众欢呼声中夺取了全国政权。中国共产党人能够在20多年的革命战争中动员起广大工农群众，特别是占人口大多数的贫苦农民浴血奋战，恰恰也是由于满足了他们的切身利益需要。“打土豪、分田地”这些朴素的口号，反映出广大农民最迫切的要求，因此能使这些分散的自然经济下的小私有者团结在共产党的旗帜下，在古老的神州大地上书写下“红旗卷起农奴戟”的可歌可泣篇章。

如今，漫步于熙攘繁华的闹市中的人们，大多难以想象80多年前饥寒交迫的贫苦农民的心境。那时，当红军者大都是为了实现人类最低层次的需求——生存和温饱。国民党当局解决不了这个问题且只知压榨民众，共产党却为占中国人口大多数的贫苦农民指明了解除苦难的方向，于是才有那么多人加入红军的队伍，并为本阶级的解放浴血奋战。

近代中国，受到帝国主义和本国封建统治阶级、官僚买办的深重压迫，极少数富豪随之享受到西方的物质文明，却又顽固地坚持古老的东方封建主义的生产方式，残酷地压榨社会底层民众。据国民党元老蔡元培在红军长征开始那年即1934年的日记中所载，“国府要人之财产多系秘密，而就可调查之范围内调查，则诸要人在本埠所有财产估计为，蒋介石1300万元，宋美龄3500万元，宋子文3500万元，孔祥熙1800万元，孙科4000万元，张静江3000万元。其他要人在上海各中外银行存款及不动产，据中国银行调查，约有5亿元”。这一年整个国民政府的财政收入不足10亿元（按当时的银圆计），这几个国民党要人的资产便富可敌国，若算上下面大小官员和豪绅们的财富，国内绝大多数资产都掌握在这些权贵手中。当时城市的普通工人一个月的工资大都只有几个银圆，多数农民更是食不果腹。

近些年来，国内外敌对势力掀起的舆论攻势中，一项重要内容就是美化被人民革命打倒的反动势力代表。如假借纪念抗战之名，大谈蒋介石“抗战有功”，其用意就是否定中国革命的合理性。其实，了解中国近代历史的人都知道，正是由于国民党搞得民不聊生，才会有那么多民众揭竿而起，否则蒋家王朝怎么会被原本力量很弱小的革命力量推翻呢？

新中国成立后出生的人们只在歌中听过："帝国主义侵略压迫，造成了我们的贫穷；官僚买办剥削，造成我们苦难深重……"在20世纪前期的动荡岁月中，以上歌词描绘的却是那个社会里活生生的图景。

"不平则鸣。"如此社会景象，当年有血性、有志向的中华儿女，特别是有知识的年轻人都不可能无动于衷。那时有正义良知的人只要读一点共产主义的相关知识，再到城乡目睹社会现状，得出的结论便会是"如今世道真不公"。

今天的人们回到老苏区的历史遗迹前，或者再走长征路，可以看到当年多少人向往的神圣之地——苏维埃政府、红军军部原址、赤卫队指挥部。在这些房舍的墙壁上面还留着红军的标语，如"打土豪、分田地""劳苦大众保卫苏区"之类。如今的人们对此可能茫然不解，可在当年这些却是点燃千百万人希望的普罗米修斯窃来的天火。

在旧社会，广大工农群众和下层士兵绝大多数是文盲，他们奋起追随共产党、参加红军不是出于追求抽象的主义，而是要满足最基本的物质需求。在中国共产党内，毛泽东1923年就提出要重视农民问题，并在斗争实践中形

油画《长征之路》形象地表现出红军不怕远征难的壮观场面。（沈尧伊作品）

成了一整套实施土地革命的政策。从1927年发动暴动建立赤色军队和根据地开始，至1933年南方红军发展到20多万人，苏区发展到1000余万人口。随后，在无法打破国民党的重兵“围剿”时，南方各路红军从1934年起又不得不放弃各根据地向西北转移，开始了万里长征。在这种革命受到空前挫折的情况下，参加长征的大多数指战员仍然坚定自己的理想信念，认为帝国主义和国民党的黑暗统治最终一定能被打碎，革命必然胜利。

“要奋斗就会有牺牲，死人的事是经常发生的。”参加长征的人经常看到战友在身边倒下，自身也时时面临着死神的威胁。但他们不改初衷，参加红军不仅是为了个人的解放，还是为了自己的亲人、自己阶级的解放，纵然个人做出牺牲，最终也会迎来整个社会的光明前途。如中央红军出发时有8.6万人，到达陕北时只剩6000余人，幸存者仍前仆后继、毫不动摇。当年的长征英豪之所以能够不畏艰难和牺牲，恰恰是因为中国共产党人强有力的政治工作支撑起了长征精神。以毛泽东为首的革命家在那个年代艰辛探索的最大成果，就是使革命理论赢得了广大群众的支持，动员起几十万人参加红军并

油画《魂》表现了红军在征途上悼念烈士以激励生者的场面。（罗田喜作品）

成为钢铁般的战士，最终弱势群体战胜了官僚买办，从而实现了社会的根本改造和中国历史的伟大进步。

物质精神相互转化，革命理想催生斗志

唯物主义认为，物质是第一性的，精神是第二性的，精神源于物质，精神力量又能反作用于物质。以贫苦农民为主要成分的红军能创造世界军事史上令人长久称颂的奇迹，完成了艰苦卓绝的万里长征，这既是由当年中国特定的物质条件决定的，也是靠代表人类进步方向的革命精神来鼓舞的。

作为红军主要成分的农民，是共产党战争时期的主要依靠力量。中国几千年来一直以农立国，占人口绝大多数的“载舟之水”的农民被剥夺了发言权，可是他们的动向却决定着王朝的覆亡。孙中山虽然强调过“唤起民众”和“平均地权”，国民党却否认阶级斗争，他们代表地主豪绅和官僚买办的利益，不肯改变土地制度，导致其统治在人民革命中被推翻。共产

油画《毛泽东领导井冈山农民斗争》还原了毛泽东在井冈山探索土地革命的场景。（李宗津作品）

党在1927—1949年的革命战争中，始终抓住了民主革命的中心问题是农民问题这个要害。毛泽东一生中最伟大的成就之一，便是通过解决农民问题，领导全党全军以农村包围城市，最终赢得了中国革命战争的伟大胜利。

早在大革命时期，毛泽东便与那些盲目照搬苏俄模式而只注重城市工作的党内教条主义者不同，他强调农民运动。1927年8月，毛泽东在中共八七会议上提出在两湖地区以土地革命来发动农民，并亲自到湘赣边领导秋收起义，又在起义受挫后率部上了井冈山。通过制定《井冈山土地法》的探索，1929年毛泽东在江西兴国制定了中国共产党第一部成熟的土地法——《兴国土地法》，其核心就是没收地主的土地分给贫苦农民，而且归他们私有。

一部《兴国土地法》的颁布，在兴国县取得了立竿见影的巨大成效。在这个毛泽东称赞的“苏区模范县”，最彻底地实现了土地革命，取得了最大限量扩大红军的成果，全县28万人口在5年内竟先后有8万人参加了红军。中央红军长征出发时的队伍中，就有2.7万兴国人，几乎占到1/3。当时形容长征走一里路，就会倒下一个兴国人，到达陕北时红军队伍中只剩2000个兴国人。后来又经过抗日战争、解放战争的浴血奋战，革命战争胜利时，解放军中的兴国人仅余数百人，其中有54人成为开国将军。兴国这个最早实行土地

兴国县是毛泽东命名的模范县，这是表现这一荣誉的雕塑。

革命的县，是参加长征人数最多的县，这是土地革命产生物质力量并转化为精神力量的生动体现。

土地革命战争中红色政权得以建立，就是利用反动统治的空隙，即“边”“穷”地区。这些地区工商业落后，豪绅们主要依靠地租收入，同农民在土地问题上的矛盾格外尖锐，这为共产党点燃星星之火并迅速形成燎原之势准备了干柴。革命斗争的领导者能满足当地农民祖祖辈辈最期盼的土地要求，并很好地将他们组织起来，人口不足300万的中央苏区便能抗击南京政府的多年“围剿”。其他根据地的红军，同样是靠实行了土地革命政策，才能动员起广大贫苦农民，使其加入军队，将保卫苏区同保卫自己家庭得到的土地紧密相连，才能在鄂豫皖、湘鄂西、川陕、湘赣等根据地坚持长年的斗争。

代表大地主豪绅和官僚买办利益的国民党当局，对共产党实行的土地革命政策有着刻骨的仇恨，用尽最残酷的屠杀手法予以镇压。1932年秋天，蒋介石亲任武汉“剿共”总司令时便下屠杀命令，处于鄂豫皖三省交界的大别山区，一时出现了许多无人区，接着国民党军又将这一做法运用于江西，造成江西全省人口一度减半的惨状。若论起20世纪中国土地上野蛮的“三光政策”，恰恰是国民党当局首先在“围剿”红色区域时实行的。

当时在鄂豫皖根据地任红二十五军军长的徐海东的家庭状况，就是国民党当局及其依靠的豪绅武装实施残酷屠杀的一个写照。美国记者斯诺于1936年到陕甘苏区采访徐海东时，异常吃惊地听到“国民党军一共杀了徐家六十六人”，他的“二十七个近亲，三十九个远亲”“老老少少，男男女女，甚至婴孩都给杀了”。斯诺就此懂得了什么是中国的阶级斗争，也明白了红军指战员对反动统治者有着怎样的深仇大恨。

压迫愈深，反抗愈烈。旧社会反动统治者的超量剥削及其对反抗者的凶残镇压，只能促使红军指战员认识到只有推翻那个黑暗腐朽的国民党政权，建立一个光明的新中国，自己和自己的家庭乃至全体劳苦大众才有希望。他们不仅为这一理想而奋斗，而且所到之处又向同样受压迫的劳苦大众宣传，就是在万里转战的长征路上也不间断。

在长征过程中，由于国民党军紧追不舍，红军难以得到实行土地革命、发动群众的时间，除红二十五军外的各部都无法在陌生区域中建立新苏区。中央红军到达国内仅存的红色根据地——陕甘苏区时，才终于站住了脚。尽管有困难，红军长征所到之处仍注意宣传和发动群众，不仅为老百姓挑水、扫院子，还把恶霸地主的不义之财分给群众（在多数地区红军因过路仓促还无法分田地），这种为人民服务的精神自然也得到了广大群众的大力支持。

美国记者斯诺到陕北拍摄的徐海东的照片，徐海东脸上的伤痕还清晰可见。

毛泽东曾形容“长征是宣传队，长征是播种机”[1]，各支长征的红军队伍都是一路走，一路以实际行动向群众进行革命教育。中央红军长征中在遵义休整了12天，其间打开官府粮仓救济穷苦群众，并以解放“干人”（贵州对穷人的称呼）的宣传动员了3000多人参军。红一方面军长征到达陕北后即东征山西，迅速以“翻身解放”的口号动员了8000余人入伍，使部队人数增加了一半。红二十五军在长征途中一边走，一边“打土豪”并发动群众参军，人数由出发时的不足3000人发展至长征结束时的4000多人（其中包括留在陕南新根据地的千余人），成为唯一一支在长征中人数不

油画《刘真》表现了国民党对共产党人的屠杀场面。（秦文清、李明峰作品）

① 毛泽东：《毛泽东选集》第一卷，人民出版社，1991，第150页。

油画《红军到川北》表现了红军到达川北后以平分土地为号召，得到穷苦群众拥护。（刘国枢作品）

减反增的队伍。长征途中的宣传能迅速吸引群众参军的事实，表现了红军解放劳苦大众的精神动员能感染苦难的人民，从而能调动起革命的力量。

持续的内战，腐败黑暗的南京政府不仅无法消灭红军，连国民党内部的各派军阀也始终处于割据状态，实现“民生主义”更是无从谈起。当年中国社会有着极其尖锐的阶级矛盾，只有共产党人提出的解放劳苦大众的纲领才代表着多数人的利益，从而能在广阔的中华大地上转化为“东方不亮西方亮，黑了南方有北方”的斗争形势。红军虽然在南方根据地受到严重摧残，迫不得已实行战略转移，但最终在西北高原落脚，并扩建了新的陕甘宁根据地。那里是中国革命力量的“落脚点”，也是中国革命的“新起点”。长征显示了红军虽历经挫折，却不可征服和消灭，这是中国共产党人难得的精神胜利。随后，长征精神就转化为全民族抗日统一战线的物质成果。以蒋介石为首的国民党当局因始终不能“剿灭”红军，在日本入侵日益严重的情况下只得寻求谈判，最终停止“剿共”、合作抗战，停止了十年内战。

油画表现了徐海东、吴焕先、程子华等人率领红二十五军开始长征后英勇拼杀的场景。这支部队在长征的过程中人数不减反增。（络根兴作品）

经过长征锻炼的中国共产党人领导的军队，更深切地感受到保持奋斗精神和坚持革命理想的重要性。在国共合作抗战期间，共产党人虽然以抗击日本入侵的民族革命为主要任务，但始终不忘民主革命的目标，能一直抵制国民党的“融共”阴谋，并以减租减息的土地政策动员起抗日根据地的广大群众，从而使军队和根据地人口数量有了几十倍的大发展，为中国革命力量同反革命力量总决战积蓄了雄厚的力量，在抗战胜利后仅仅四年就取得了中国革命的最后胜利。

理想与现实结合，群众路线是保证

“为有牺牲多壮志，敢教日月换新天。”红军当年能进行那样艰苦卓绝的奋斗，正是靠改天换地的壮志来支撑的，而只有将远大的革命理想与最广大人民的现实需求相结合，才能做到“唤起工农千百万”。作为毛泽东思想精髓之一的群众路线，在长征过程中也充分体现出其无穷的威力，这也是共产党人能取得胜利的法宝，至今仍然是教育党员干部的基本理论。

“理论是灰色的，而生活之树常青。”这句格言的意思是说抽象的理论必须与丰富多彩且经常变化的现实相结合。马克思主义为共产党人提出的奋斗理想，就是要使人类摆脱剥削压迫，消灭阶级差别，最终实现物质极大丰富和社会极大公正。马克思、恩格斯生活在西方资本主义社会，所处的环境同半殖民地半封建社会的中国有很大差异，其理论原则要在东方大地上贯彻就必须结合特定的实际环境。共产党人讲理想和奋斗目标，也有长远和现实之分，要分几步走。例如共产党的远大目标是共产主义，而在红军时期的现实目标是要实现资产阶级民主革命，为近期目标奋斗时还不能忘记长远目标。

毛泽东在领导中国革命时最伟大的贡献之一，恰恰是实现了马克思主义的中国化，而且能用通俗易懂的语言，动员起那些憧憬社会进步的知识分子和饥寒交迫的底层民众，让他们在美好理想的驱动下首先实现民主革命的近期目标，然后再向社会主义的前景过渡。

当年那些参加农民起义和红军的人，高举着枪支、梭镖、铁叉、木棍和

油画《唤起工农千百万》表现了毛泽东以正确的理论指导了土地革命的方向。（陈衍宁、刘秉礼、梁照堂、梁器奇等人作品）

油画《兴国调查》表现了毛泽东通过调查制定了新的正确的土地法，从而发动起广大群众。（冯法祀作品）

红旗，呐喊着向豪门大户和旧政权的官衙冲击，就是因为共产党给他们指明了眼前需要实现的近期目标，号召他们起来反抗以解决生存和温饱问题。那时红军指战员普遍的奋斗理想，就是当时流行的《工农革命歌》中所唱的，“实现共产制，人人有田耕”。马克思主义有关奋斗与现实利益的观点，在这里用最朴素、最生动的语言体现出来。

在今天处在工业化、信息化时代的人们看来，把“共产制”解释为“人人有田耕”，这一解释似乎过于简单化，但在当年却是最有力的动员口号。19世纪的西方世界已经开始进入资本主义工业化时代，马克思、恩格斯正是依据这一社会条件提出了科学共产主义的理论，不过如何付诸实践还要根据各国的国情。俄国在进行十月革命时，曾实行了“土地公有”的政策，结果被事实证明这是脱离广大农民要求的过左政策和饥荒的原因，列宁后来就用“新经济政策”即事实上的包产来纠正。毛泽东在1928年制定的《井冈山土地法》，也是仿照俄国十月革命后的土地政策模式，地主的田地虽被没收并分配给农民却仍属公有，还禁止买卖，自然难以调动起农民参军参战的积极性，因而他随后在制定《兴国土地法》时做出了分配给农民土地并允许农民土地自由买卖的规定，以实现完全私有，这样才能充分调动起贫苦农民参军参战的积极性，从井冈山突围后不久便开辟一块广大的中央苏区。

苏联所绘的表现十月革命的油画，列宁在十月革命胜利后马上公布了《土地法令》。

南方各红色根据地得到蓬勃发展后，不仅受到外部反动势力的“围剿”，也受到内部极左思想的干扰。中国共产党内那些盲目迷信苏联教条主义的“左”倾路线的领导者，实行过火的土地政策、工商业政策、“肃反”政策，在军事上又实行硬打硬拼，这就脱离了相当一部分群众特别是中间群众，最终导致南方各根据地难以立足。

红军退出原有根据地，进入流动转战的艰难逆境时，广大红军指战员并没有丧失革命的理想信念。长征能坚持到最终胜利，靠的仍然是共产党人的群众路线，这主要体现在内、外两个方面：军队内部的领导与穿着军装的群众即战士们同甘共苦，以身作则激励大家面对险关“迈步从头越”；军队对外要爱护和动员老百姓，建立良好的军民关系，在征途上得到群众的支援拥护。

如果仔细分析长征的红军队伍中指战员的个人出身，主要可分为两大类：一类是由革命理想主义驱动的知识分子；另一类是为改变现实苦难境遇的翻身农民。红军领导者大都出身于生活条件和文化教育相对较好的家庭，有许多人有留学的经历，如周恩来留学日本、法国，张闻天留学日本、美国和苏联。红军下级指战员大都属于《国际歌》里所说的“饥寒交迫的奴隶”。在中国革命的星火燎原之势中，前者是火种，后者是干柴。前者从一开始就主要是为“解放社会”而奋斗，后者则是从“解放自己”中逐步提升觉悟而投身于解放劳苦大众。

在顽强奋进的红军行列中，革命知识分子出身的领导者引导着前进的方向。其中有力挽狂澜、领袖群伦的毛泽东，从死亡线上挣扎着过草地的周恩来，“意志坚如铁”的朱德，人称“明君”的张闻天，每天忍受“刮骨疗毒”般痛苦的王稼祥，负责长征启程和收尾的任弼时……整体文化程度并不高的广大红军指战员，在实践中认识到以毛泽东为首的领导集体是自己最可依靠的引路人，因而能坚定地跟随。在红军危急时刻，是毛泽东以“天欲堕，赖以拄其间”的擎天之志，以非凡意志以及对革命事业必胜的自信，领导中央红军冲出重重围堵，并以胜利到达陕甘宁诠释了北上这唯一正确的道路，引导另外两支主力红军也跟随到达，最后赢得了“三军过后尽开颜”的大会师。

毛泽东拥有宣传、发动群众和激励指战员的才能，堪称将统帅和政治演说家相结合的最好榜样。一向对毛泽东深为不满的顾问李德，却也承认毛泽东影响官兵和广大群众的过人之才：“他喜欢引用民间的形象比喻，引用中国历史上哲学家、军事家和政治家的格言。……毛不仅在私人谈话或小范围里运用这些格言和比喻，而且还把它们引用到他的讲话中，并以革命的激情从中引出令人铭记的口号。我自己就经常亲眼看到，他是怎样用这种办法深深地影响了听他讲话的农民和士兵。”①

这种令农民以及绝大部分来自农村的红军战士为之倾倒的魅力，决定了中国革命军队在长期战争实践中所选择的统帅是“农家子”出身的毛泽东，而不是长自高门脱离群众的其他领导人，遵义会议能起到拨正革命航船方向的作用，也在于选定的毛泽东能领导革命军民走上一条正确的道路。

通过长征的考验并总结经验，中国共产党的领导集体到达陕北后才在政治上真正完全成熟，从而能根据中国最广大人民的需要制定正确的方针政策。例如，长征结束后国内面临日本入侵的民族矛盾超过阶级矛盾，广大人民要求抗日，中共中央随之实行了抗日民族统一战线的新政策，从而使中国革命走出了逆境，迎来了“柳暗花明又一村”。

中共中央在实行抗日民族统一战线的政策时，仍然时刻不忘把远大理

① 奥托·布劳恩：《中国纪事》，现代史料编刊社，1980，第74—75页。

油画《毛泽东在抗大》表现了毛泽东到陕北后总结斗争经验，有力地指导了下一步的斗争。（李明峰作品）

想与现实斗争相结合。在团结各阶层抗日时，仍牢记在民族战争胜利后要建立新中国并奔向共产主义的远大目标。最终，长征的胜利迎来全民抗战的革命新高潮，抗战的胜利又很快促成了中国革命战争的最后胜利。当年的红军虽在名称上改成八路军、新四军和后来的解放军，但革命的初心却始终不变。即使在中国革命取得胜利时，毛泽东仍强调“这只是万里长征走完了第一步”，新中国成立后共产党人仍然为远大理想而奋斗不息，而且把这种传统传给了要进行新长征的后人。

中国有一个成语叫“春华秋实”。春天的花朵是美丽的，秋季的果实才能真正供人享用。从历史唯物主义的观点看，革命战争为改造社会所需，它毕竟是手段而不是目的。根植于古老农业经济基础上的中国革命，包括红军的长征，是人类在20世纪实现社会变革的一次伟大实践，从而改变了中国乃至整个世界的面貌，新中国后来的建设事业乃至改革开放才有了得以实现的基本前提。在那“红军不怕远征难”的波澜壮阔的斗争中，第一代中国共产党人历经艰辛探索，终于把产生于西方近代工业基础之上的马克思主义与中国的实际相结合，探索出一条马克思主义经典著作中找不到的独特道路。如今，中国共产党的建立已近百年，距离长征结束也有80多年，无情消逝的光阴已经带走了一代先驱者，我们纪念先人是为了激励后人，从这个意义上讲，“一切历史都是现代史”。

近年来，习近平总书记多次强调，理想信念是共产党人的精神之“钙”。“对马克思主义的信仰，对社会主义和共产主义的信念，是共产党人的政治灵魂，是共产党人经受住任何考验的精神支柱。”[①]如今的中国虽然已经实现了工业化并向信息化迈进，但仍然是一个发展中国家。为使中华民族自豪地屹立于世界民族之林，为使共产党人最终的理想得以实现，后一代人从红军前辈身上所能继承的最宝贵的财富，不也应是那种为理想而英勇奋斗的精神吗？对先驱的最好纪念，便是创造更辉煌的业绩。人们看到一个崛起的富强中国，国际社会主义运动的复兴也有赖于中国的榜样作用，在此基础上继续进行新长征，后辈终将可以无愧地告慰先辈。

① 中共中央宣传部编《习近平总书记系列重要讲话读本》，学习出版社、人民出版社，2016，第107页。

目录

Contents

一 从南方战略转移去北方

二 长征留下的人坚持游击苦战

三 长征路上的浴血激战

四 红军长征中的衣、食、住、行及武器

五 保障红军长征胜利的密码破译战

一 从南方战略转移去北方

1934年秋天，中国工农红军放弃了南方的中央苏区、鄂豫皖苏区、川陕苏区和湘鄂西游击根据地，向北方进行战略转移，寻找新的落脚点，这就是红军进行长征的原因。红军离开原来的根据地，是中国共产党内部“左”的错误造成的恶果，中国革命一时落入了低谷，陷入了非常危险的境地。在长征途中，中国共产党人及时总结经验教训，召开了一次次重要会议，尤其是在遵义会议上确立了毛泽东的领导地位，最后三大主力会师陕甘宁地区，胜利结束了长征并打开一个新局面。从中国革命战争的宏观角度看，长征是一个历史转折点，中国工农红军在经历了种种挫折之后走向了胜利。

“左”的错误使红军被迫放弃根据地

自1927年中国共产党人独立领导武装斗争和建立军队起，红军经过艰难探索和顽强奋战，几年间便建立起十几处根据地。至1933年秋天，全国的苏区和红军发展到一个高潮，根据地有了1000余万人口，红军有20多万人。

在中央革命根据地蓬勃发展时，1931年11月，赣南的瑞金县城东郊的叶坪举行了中华苏维埃共和国临时中央政府成立仪式，毛泽东当选为中华苏维埃共和国临时中央政府主席，人们对他的称呼从此也由“毛委员”变成了“毛主席”。同时，朱德被任命为中央军委主席兼中国工农红军总司令。毛主席、朱总司令的威名从此响彻中华大地，瑞金成为全国的红色首都，当时

1931年11月中华苏维埃共和国成立时毛泽东等人合影。

的革命者称“北京南京，比不上瑞金”。以蒋介石为首的国民党军阀也视“朱毛”和中央根据地为最大的眼中钉，不顾日本的步步入侵，以“攘外必先安内”为口号对日妥协而全力“围剿”红军。

当中央苏区和全国的红军发展壮大时，中国共产党内部“左”的错误也在滋长，其特点便是盲目地听从和照搬苏联共产国际的指示，后来党内便将那些搞“左”的错误的领导人称为“教条主义者”。

1931年11月，毛泽东在江西瑞金召开的中华苏维埃代表大会上当选为中华苏维埃共和国临时中央政府主席。

早在1931年1月中共中央在上海秘密召开中共六届四中全会时，共产国际代表米夫作为国际“保姆”，扶持刚从莫斯科回国的一批中山大学的学生掌握领导权，原来连中央委员也不是的王明一步登天，变成了中央政治局委员，掌握了中央的实际大权。后来党内所说的第三次“左”倾路线即“王明路线”，正是从这时开始算起的。

1931年4—6月，由于中共中央主管保卫的政治局候补委员顾顺章和总书记向忠发相继被捕叛变，中共中央日常工作难以进行。王明害怕被捕而准备远走苏联，临行前于9月成立了中共临时中央政治局，由同样来自莫斯科中山大学的年仅24岁的博古（秦邦宪）任总负责人，理由是要找一个顾顺章不认识的领导人。此后王明在莫斯科遥控指挥，继续推行“左”倾教条主义政策。中共临时中央继续推行极左路线，在上海难以立足，博古等人于1933年秘密搬到中央苏区首府瑞金。

博古在1931年以前只是一个普通党员，在党内生活不正常的情况下一跃而成最高负责人。他虽有革命热情却缺乏实际经验，对马列经典可以高谈阔论，指挥打仗却完全是外行，便寄希望于国际上派一个懂军事的人来辅助他。当时共产国际派一个化名李德的德国共产党员在上海搞情报工作，结果此人被请到江西瑞金担任军事顾问。

油画《博古》表现了临时中央负责人博古在瑞金时的形象。（郑春龙作品）

李德原名奥托·布劳恩，是德国共产党员，在第一次世界大战中只是一个普通士兵，后参加过德国共产党在汉堡的起义，接着到苏联伏龙芝军事学院学过一些正规战，既没有指挥部队的经验，也根本不懂游击战和运动战。他在共产国际执委会（驻上海）远东局做情报工作时认识了博古，于1933年秋化装为外国神父潜入中央苏区。博古对他奉若神明，将军事战略、战役战术制定以及红军部队训练、后勤组织等重要的军事大权交给他掌管，由此一个不了解中国国情的外国人成了对红军发号施令的“太上皇”。

当时“左”的错误路线不仅体现在军事指挥方面，也体现在政治方面。在政治上表现为排斥中间阶层的“孤家寡人”政策，使革命力量陷入孤立境地。在土地政策上，苏区实行了“地主不分田，富农分坏田”的过火方针，迫使这些人与革命政权拼命对抗，并大批逃到根据地周围组织白色武装。在工商业政策上，“左”的方针经常将商人当成资产阶级予以打击，导致不少根据地内商品交易困难，物资供应短缺。在“肃反”政策上，搞极左的领导人将其严重扩大化，把党内有不同意见的人当成敌人对待，造成许多根据地内滥杀的现象，红军出现了悲剧性的自我内耗。

由于“左”的错误影响到全党，因此各个根据地都出现危机。1932年内，鄂豫皖根据地便丧失大半，那里的红四方面军被迫西征转移到川陕边区，以洪湖为中心的湘鄂西根据地也沦陷，于是蒋介石便能集中主要的嫡系部队围攻中央革命根据地。

1933年秋天，国民党当局调动百万大军对红色根据地发动第五次“围剿”，其中以50万军队从四面压向中央苏区，其他部队用于进攻别的苏区。此时中央红军总计不到10万人，整个中央苏区人口不足300万人，双方的经济力量和武器装备无法相比。在这种形势下，中共临时中央却根据李德的建议，实行正规战，采用阵地防御、短促突击的战术，完全是以己之短对敌之长。

此次蒋介石对中央苏区进攻，采取了“堡垒政策”，改过去的长驱直入为逐步缓缓推进。国民党军进攻前，往往先以飞机轰炸，并用大炮轰击红军的碉堡和阵地，进行充分的火力准备后再发起进攻。此时国民党军又往往是每个上午只前进一两公里路，下午就在新占领的地区修碉堡，等到天黑后红军反击时碉堡就基本修好，红军没有火炮很难攻得动。当时中共临时中央提出的口号是“不放弃根据地一寸土地”，李德又要求红军在阵地上也修筑一层层堡垒同敌人对垒。那时中央苏区根本没有钢筋水泥，用木料、泥土搭成的简易碉堡连迫击炮弹都挡不住。当时许多红军指战员都骂：“真是见了鬼，我们费几天劲修个碉堡，敌人一炮就掀翻了。敌人修起了碉堡，我们只有用牙齿去啃！”后来毛泽东批评说，这等于是“乞丐同龙王比宝”。

面对越发严重的局面，虽然红军的数量靠根据地群众的积极参军得到补充，但武器弹药却耗多补少，根据地内简陋的兵工厂生产的子弹大多不堪用，红军只好命令各前沿部队组织人在夜间到敌军遗弃的尸体上去摸枪支子弹。国民党军队也知道了这一点，组织冲锋时故意只给每个兵发25发子弹，一路冲一路打，许多人被打死时枪已经是空的，这样红军晚间摸回来的子

国民党军在第五次“围剿”时于中央苏区周围实行“堡垒政策”的照片。

弹也不多。

除了军事上陷入困境，中央苏区的经济也日益困难。当时苏区政府动员群众生产，粮食还能保证供应，最严重的问题是没有盐，也缺少布。国民党当局对中央苏区实行严密的包围封锁，不允许一尺布、一斤盐运进。此时中央苏区能秘密出口的重要物资只有赣南的钨矿，因它是国际上的贵重金属，广东军阀陈济棠秘密收购后再拿去换外汇。靠着这一秘密贸易，中央苏区才能有一点盐和药品输入，而这些远远不够军民的需求。进入1934年，在瑞金买一头猪价格不过5块大洋，买一斤盐却要20块大洋以上。当地的人都说，“如果我买一头猪来做菜，你买做菜的盐，就等于是你请客了”。广大群众吃不上盐，生产没有力气。加上青壮年男子绝大多数都已经参军，人力、物力枯竭的根据地已难以维持。

国民党军在江西临川至南丰的道路上修筑的用于封锁红色区域的碉堡。

至1934年9月，国民党军经过一年节节推进，用碉堡线压缩中央苏区。原来21个县的中央根据地只剩下7个县，横直不过百余里，按江西军区司令员陈毅的形容是“拿梭镖一捅都能戳穿”。这时蒋介石同德国顾问赛克特制订了一个“铁桶计划”，决定在苏区剩余地区的四面筑好碉堡，形成铁桶一般的包围圈后，于11月间发起总攻。中央红军如果再不突围，就难免全军覆没。

得知蒋介石的计划后，中共临时中央最后下决心，通过与广东军阀陈济棠进行秘密谈判，使其在赣粤交界处开放一条通道，于10月中旬以主力8.6万人突围西征。中央红军虽然成功钻出了蒋介石的“铁桶”，但毕竟撤出了奋斗多年建立的根据地，无奈只能进行无后方行动的万里长征。

在鄂豫皖、川陕等苏区，当地红军面对敌军的“围剿”，同样陷入人力、物力损耗太多而难以补充的困境，最后也都放弃了根据地进行长征。

回顾红军第五次反“围剿”失败和撤离根据地的这段历史，留下的教训是多方面的。这里最重要的一点，就是把别国模式原封不动地照搬到中国必败无疑。仅以李德个人而论，他在瑞金为保密设立的“独立房子”就颇令人玩味。这个外国人到瑞金后总是独居一室，从不去前线，只同红军少数高层领导见面，被许多干部批评为“图上作业家”。可惜的是，当时中国共产党内存在着盲目迷信共产国际和苏联教条主义的倾向，有“外来的和尚会念经”的观念，许多人还接受了李德的指挥。此外，李德在生活上还养尊处优。据当事人回忆，“尽管瑞金的条件极其艰苦，但中共中央在生活上尽量满足他、关照他。除配有秘书、翻译、警卫员、保健医生、厨师外，还特地通过地下组织，想方设法从上海、广州等大城市弄来他喜欢的咖啡、雪茄”。这种养尊处优的生活，同红军将士每天喝稀粥吃野菜的艰苦生活形成强烈反差，这也许是分析李德脱离实际瞎指挥的一个视角。可以想见，这样一个完全脱离群众、根本不了解战士疾苦的人，怎么会了解实际情况？怎么会提出合乎国情、军情的方针？共产党人记住李德这面“镜子”，也就是要吸取历史教训，永远保持实事求是的工作作风，永远保持与人民群众血肉联系。

长征之初几乎陷入绝境，人们又期盼毛泽东

1934年10月，中央红军8.6万人离开根据地开始向西远征，按照当年《长征组歌》的歌词就是“战略转移去远方”。长征期间，“中华苏维埃共和国”一直随中央红军行动，途中仍然发表宣言文告。尽管这个政权的家当也只剩下马背上驮的几个文件箱，人称“马背上的共和国”，然而它存在就象征着革命的红旗不倒。

中央红军的出征，在1934年4月以后准备了半年之久。4月下旬，国民党军攻占中央苏区北方门户广昌城，红军明显难以打退敌军，中共临时中央便开始酝酿红军主力战略转移，随后决定派遣两支独立的部队提前行动深入敌后。其中一支是调开敌军回援其后方以减轻中央苏区的压力，就是7月间北上的抗日先遣队；另一支是作为主力突围前的试探，即8月间从湘赣根据地出发的红六军团。

后来，朱德在谈到北上抗日先遣队的任务时曾说：“是准备退却，派先遣队去做个引子，不是要北上，而是要南下（指中央红军主力从中央苏区西南部转移）。”北上抗日先遣队半年间转战5600里（1里=0.5公里），一度威胁福州、芜湖等城市，牵制了10余万敌军，对中央红军突围起到了战略配合作用，却仍然不可能达到调开敌人主力的目的。任弼时、萧克、王震率领的红六军团作为最早西征的部队，以损失近2/3的代价到达贵州和湖南的边界处同贺龙领导的红二军团会师，起到了探路作用，却只吸引了湖南、广西军阀

油画《红旗不倒》表现了红军离开中央苏区时，毛泽东、周恩来、朱德与群众告别的场面。（张红年作品）

的部队。当时蒋介石的中央军仍向中央苏区腹地进逼，中央红军只能以1.6万人的留守部队牵制敌军主力，以主力向西突围远征。

中央红军在转移前为了保密，一般是夜间行动，各部队出发的时间也不一样。不过，红军的一、三、五、八、九军团都在1934年10月中旬通过了于都河，走上向西突围的征途。后来，于都河被确定为红军长征的出发地，因为各部队都要渡过这条河才能西进。

中共临时中央预定的突围到达目的地，是红二、红六军团活动的湘西地区，行军距离设想为2000～3000里。出发时中央机关庞大，有“红星”“红章”两个纵队，各有1万余人，其中大部分是挑夫，将原来苏区内的“坛坛罐罐”即兵工厂机器、印刷机、医院的X光机等都带上，准备到达目的地再建红色首都。中央红军5个军团的作战部队都成了这些机关的掩护队，结果部队行动迟缓，进军方向又近乎直线指向湘西，基

国民党方面所绘的“攻克广昌之役”的画面。

江西于都河边纪念中央红军长征出发的雕塑。

本重走红六军团西征的老路。国民党当局在地图上一看，就能判断出红军的前进方向，很快就调兵围追堵截。

从赣南突围后，中央红军连续一个多月在山间道路行军。由于国民党军白天不断派飞机轰炸，红军部队主要转入夜间行军。快天亮的时候，人们最容易打瞌睡、掉队，因此部队往往在晚上行军而天亮宿营，中午敌人追上就打几个钟头，等到黄昏再出发。如此循环反复，部队中的新兵、民夫很不习惯这样的生活而大批掉队。剩下的老骨干体力也消耗极大，有的人休息时一坐下去就再也起不来。

1934年11月下旬，红军到达湘江边时只剩6.5万人，国民党的湘军、桂军和中央军又以20多万人发起了围攻。此时负责领导的博古、李德仍然舍不得丢下拖累极大的“坛坛罐罐”，不肯轻装迅速前进，而让战斗部队做甬道式的掩护。经5天血战，红军主力部队虽冲过湘江，总人数却只剩下3.7万人。

红军过湘江后，进入了山路崎岖的越城岭地区，全军不仅人数大减，所携弹药消耗后又难得补充，导致平均每支枪只有几发子弹。此时部队在人烟稀少的山区行军，找不到粮食、房屋，只好连日在路上露营，全军指战员都极度疲惫。此时，国民党军十几万重兵已在红军预定前进的湘西方向张网以待，如此疲惫的队伍若再按原计划去同湘西的红二、红六军团会师，势必同埋伏在那里的敌军再进行一场恶战，结果只能是全军覆没。

长征出发前，毛泽东的身份虽是中央政治局委员，实际职务却仅剩下一个挂名的中华苏维埃共和国临时中央政府主席。不过在全国范围内，“朱毛”已成为中国革命的象征，红军主力突围时自然要他随行。出发前，中共临时中央委托毛泽东到于都一带察看地形选择突围路线，他却在当地突然患重病，高烧40摄氏度以上，经傅连暲抢救才得以脱险。大病初愈的毛泽东曾提出想留在赣南打游击，经周恩来劝说后同意出发，被担架抬着走上了长征路。

当时在中央纵队的女干部刘英（后来成为张闻天夫人）在回忆录中说，出发前她向毛泽东询问：“我们走到哪里去呢？”得到的回答是“不知道”。刘英当即说：“也是军事秘密吧！”毛泽东却正色说：“确实不知道！”

对这样一次重大行动的意图，中共临时中央总负责人并没有告诉毛泽东、朱德等领导人，只是由“三人团”（博古、李德、周恩来）筹划。红军过湘江后几乎陷入绝境，这种惨败使广大指战员回想起前三次反“围剿”时在毛泽东领导下节节胜利的情形，许多人疾呼应让毛泽东指挥。红军丧失根据地被迫长征原本是一种不幸，然而在这一不幸之中解决了中国革命战争的舵手问题。

湘江战役后，周恩来对李德的指挥错误进行了批评，李德不服。据警卫员回忆，两人用英语争吵起来，拍桌子都把马灯震灭了。这时博古也改变了态度，表示“不要理他（李德）”，周恩来就此负起了指挥责任，毛泽东也被邀请参加决策研究。

周恩来一向有民主作风，他制定决策时经常找其他领导人碰头。自湘江战役之后，中央纵队行军晚间一到宿营地，毛泽东、王稼祥等人就去找周恩来商量，遇到重大问题，中央政治局就举行会议。当时行军中召开这种会议非常

油画《湘江》中描绘的博古（右）、李德（左）在长征初期的形象。（张庆涛作品）

简单，多无记录，后来被称为“飞行会议”。

1934年12月12日，中共中央在湖南通道县城召开了政治局会议，除“三人团”成员博古、李德、周恩来外，毛泽东、张闻天、王稼祥等人也到会。在会上，李德、博古仍认为应进入湘西，毛泽东却主张放弃原定计划改向贵州前进，张闻天、王稼祥、周恩来等大多数人赞同这一主张。这次会议最终采取了毛泽东的建议，中央红军就此转兵西向，进入贵州境内。

此时的贵州，是南方军阀统治最薄弱的地区，贵州军阀对南京政府保持独立性，省内还分裂为王家烈、侯之担、犹国才、蒋在珍四派。黔军多是既带步枪又带烟枪的“双枪兵”，战斗力比中央军、湘军和桂军差得多。红军进入那里得到一个休整之机，这是当时唯一正确的出路，历史上称这是改变红军命运的“通道转兵”。

通道转兵后，红军果然避开了敌重兵，三天后顺利占领贵州东部的黎平县城。1934年12月17日，中共中央在此开会，博古在会上又提出由黔东北上湘西，毛泽东、周恩来与之进行了激烈的争论。会议最后通过决定，明确提出“新的根据地应该是川黔边区地区，在最初应以遵义为中心之地区”。当时任红一军团政委的聂荣臻后来总结这一会议的意义：“是我们战略转变的开始。其中最主要的是指出，去湘西已不可能，也不适宜，决定向遵义前进。”

红军进入贵州后，各派军阀自保实力不敢以主力拦截。1935年元旦前夕，红军顺利占领猴场这一黔东重镇。到达猴场的当夜，中央政治局又召开会议，博古、李德又提出红军只能在乌江南岸打游击，要准备向东拐与红二、红六军团会合。这一提议马上被周恩来、毛泽东和其他多数领导人否决，会议决定下一步的立足点“首先是以遵义为中心的黔北地区，然后向川南发展”。

此时博古、李德错误主张的底线，就是不要过乌江，因为乌江是天险，过去就不容易再回来折向湘西。猴场会议通过的这一决定，完全否决了原先向湘西前进的错误计划，把预想的落脚点彻底改为黔北或四川。中央红军向黔北行动，又召开遵义会议，为实现党的伟大转折做了具有决定性意义的军事准备。

看到前一阶段错误领导造成的严重恶果，党内一些领导人提出应改换领导人，中央政治局内的张闻天、王稼祥起到了重大作用。张闻天在长征前担任中华苏维埃共和国人民委员会主席（相当于总理）等职，虽然他在莫斯科留学时同王明、博古是同学，但他到中央苏区后通过实际工作认识到毛泽东的主张是正确的。张闻天在长征开始后同毛泽东一起行军，沿途倾诉了苦闷和忧虑。当时因负伤在担架上行军的总政治部主任王稼祥也经常同毛泽东、张闻天一起交谈，最早提出要把错误的领导人“轰下来”，并拥戴毛泽东主持工作。遵义会议的参加者伍修权后来总结说：“客观地讲，促成遵义会议的召开，起第一位作用的是王稼祥同志。”

张闻天对促成遵义会议的召开，也起到重要的作用。在行军途中，他便同毛泽东商讨了如何批判错误的军事路线，并在遵义会议前已经起草了会议的决议。

遵义会议成为伟大的历史转折

中央红军长征期间召开的通道会议、黎平会议和猴场会议，作为遵义会议的前奏曲，已被历史证明具有重大意义。红军在通道转变了行军方向，标志着自此开始逐步扭转错误的军事路线。进入贵州的中央红军利用军阀王家烈集中主力守卫贵阳的间隙，挥师北上渡过乌江直取遵义城。

1935年1月7日，红军以黔军未预料到的速度，突然到达并夺占了贵州北部最大城市遵义的南门，城内守敌听到枪声大作后逃跑了。这座贵州第二大城市远比瑞金繁华，城内居民没有逃避，商店照常开业。当时城内还有电

油画《黎平会议》描绘了决定长征方向这一重大时刻。（孙向阳作品）

遵义会议会址。

灯，众多长期生活和转战在农村和小城镇的红军指战员还是第一次见到这种能发出亮光的器具。进城的红军指战员每人获发一块银圆，能到饭馆改善一下生活并买点日用品。

在遵义城的短暂休整期间，红军招收了3000多名新战士补充兵员，被服厂开工为全军每人都制作了新军衣，同时红军医治了伤病员。陈云在后来的文章中写道："红军在黔北休养12天，使红军在湘南之疲劳，完全恢复，精神一振，使以后之战争，不仅战斗力不减，反如生龙活虎。"

中央红军不去湘西而进入黔北，一时摆脱了危境，从容休整了12天。这一事实更清楚地证明了党内高层争论中谁对谁错，以毛泽东为核心的正确领导就自然地在党的集体拥戴下形成。

红军进入遵义后，城内黔军第二师师长柏辉章刚修筑的豪华住宅（当时号称是遵义市区最好的房子）成为中革军委的办公地和周恩来、朱德、刘伯承等领导人的住所，也成为中央政治局扩大会议的会场。新中国成立后又被开辟为重要的革命历史遗址。

在遵义期间，中央自长征以来第一次有时间召集中央政治局成员和各军团负责人坐到一起开会，详细地讨论问题。由于当时处于万里转战途中，要提防文件记录遗失或落入敌手，会议没有记录。后来党史研究者大致判断出遵义会议从1935年1月15日正式开始，到17日结束，19日红军便开始出城北上。据当事人回忆，会议一般都是晚间7时开始，到凌晨时分结束，城内有电灯还能为会场照明。

参加会议的有中央政治局委员毛泽东、朱德、陈云、周恩来、洛甫（张闻天）、博古（秦邦宪）；中央政治局候补委员王稼祥、邓发、刘少奇，共青团领导人何克全（凯丰）。还有七位红军指挥员，他们虽非中央政治局成员但也被吸收到会，他们是刘伯承、李富春、林彪、聂荣臻、彭德怀、杨尚昆、李卓然。当时红军报纸《红星》报的总编辑、新任命的党中央秘书长邓小平也出席了会议。与会的还有国际顾问李德和翻译伍修权[①]。

在会议召开前，王稼祥已经找张闻天、周恩来、朱德等人谈到改换错误的领导一事，得到一致赞成。会议开始时，照例还是由党的总负责人博古主持，内容是解决当务之急（军事路线问题），总结第五次反“围剿”的失败教训。博古首先发言做了“主报告”，虽然对军事路线有所检讨，但却把失败归咎于国民党在数量上的绝对优势。接着，周恩来做了“副报告”。他为人一向谦虚，以自我批评的精神主动承担了责任，表现出严于律己、宽以待人的态度。这时李德坐在门旁边，垂头丧气，人们形容是“处在一个被告位置”。

“主报告”和“副报告”完成后，张闻天首先做了一个系统的“反报告”，批评了博古、李德从反“围剿”一直到长征出发后的错误军事指挥。这一发言，马上引起会场上多数人的共鸣。随后，毛泽东做了长达一个多小时的发言，得到绝大多数人的拥护。他的发言着重批评了“左”倾军事路线的错误及表现，如防御时的保守主义、进攻时的冒险主义和转移时的逃跑主义。毛泽东特别针对李德的瞎指挥说：只知道纸上谈兵，不考虑战士要走路，也要吃饭，也要睡觉，也不问走的是山地、平原还是河流，只知道在地图上一画，限定时间打，当然打不好。

遵义会议陈列馆内陈列的表现当年红军进城的画作。

① 郭德宏主编《中国共产党的历程（第一卷）》，河南人民出版，2001，第244页。

油画《遵义会议》描绘出参加遵义会议的每位领导人。（沈尧伊作品）

毛泽东发言后，王稼祥接着发言，他率先明确地提出应由毛泽东指挥红军，同时系统批评了“左”倾军事路线错误。周恩来也再次发言表态，认为毛泽东对博古和李德的批评是正确的，并提议毛泽东任红军总指挥。一向谦和的朱德也激动地指责中共临时中央排斥毛泽东同志而依靠外国人李德，并气愤地说：“如果继续这样领导，我们就不能再跟着走下去！”红军总司令做这样的表态，在会议上产生了重大的影响。

从参加遵义会议的二十余名领导人的表态看，只有凯丰一人支持博古的

油画表现了周恩来在遵义会议前同大家谈话，主张改换领导的场景。（沈尧伊作品）

意见（长征到陕北后他也竭诚拥护毛泽东的领导），这也说明改换领导是众望所归。

在会场上，伍修权一面听着大家对李德的批评，一面翻译给他听。李德神情沮丧地为错误做了一点辩护，说自己本来只是作为顾问提建议，是中国同志自己搞坏了。不论最后的责任由谁负，此前的军事指挥错误已是会上公认的不争的事实，改换领导也就成为必然。

遵义会议没有留下记录，参会者后来都是靠回忆来记述这一重大历史事件的，众口一词的说法是毛泽东从此确立了领导地位，不过对职务安排的名义却说法不一。参会者大都记得，王稼祥、周恩来先后在会上提议，毛泽东应该出来担任党的领袖，毛泽东却以身体不好推辞。史书中又差不多都一致说，遵义会议确立了毛泽东在全党全军的领导地位，从而成为中国革命的转折点。

1982年，中央档案馆检查共产国际保留的中共档案（1957年移交到北京），其中有中央政治局委员陈云在遵义会议结束后的笔记。从中可看出，会议期间党中央总负责人博古的职务并没有被撤销，会议决定周恩来是军事上的最高指挥者，毛泽东虽然成为中央政治局常委，但仍是作为周恩来"军事指挥上的帮助者"。有人阅读这份第一手记录后，对传统说法产生了一些疑问。不过，若进行深入研究，可看出毛泽东在遵义会议上确定领导地位一事仍是可以肯定的。

陈云的笔记中写到遵义会议的决议确定"常委中再进行适当的分工"，意思就是说领导班子的分工暂时还没有定。事实上，毛泽东从此在中央领导

中国人民邮政发行的纪念张闻天的邮票，背景是遵义会议的会址，显现出他的重大历史功绩。

中国人民邮政发行的纪念王稼祥的邮票。

中发挥了主导作用。遵义会议后，中央红军北进到达云南东北的扎西，中央政治局于1935年2月5—9日连续召开会议，解决了常委分工，遵义会议的决议也正式成文，这实际上是遵义会议的延续和最后完成。毛泽东面对大家拥戴他担任总书记这个情况，以军务繁忙和身体不好推辞，于是中央政治局就决定由张闻天负总责。

1935年2月5日，在川黔滇交界一个叫鸡鸣三省的村子（因这个村子的鸡一叫三省都能听到而得名），中央政治局召开一个小会，博古把装着中央文件的两个铁皮箱子交给张闻天，象征着移交权力，并认为自己缺乏领导全党的才能。公正地说，博古因缺乏实际经验犯过“左”的错误，个人品质还是好的，后来又为党做出了贡献。

遵义会议结束时，尽管毛泽东在名义上还不是负主要责任的领导人，会议后的中央政治局成员和部队负责人却都坚信他的军事谋略和指挥才能，尤其是张闻天、周恩来主要听取他的意见。二渡赤水后，中央成立了由毛泽东、周恩来、王稼祥组成的“新三人团”全权指挥军事行动，周恩来任团长，毛泽东实际上处于核心地位。在此后一段时间里，中央总书记张闻天和红军最高领导人毛泽东互相配合，形成领导全党全军的新格局。

在征途中千辛万苦寻找新的立脚点

遵义会议解决了军事路线问题后，面临一个选择落脚点的问题。到达

油画《扎西会议》，这次会议是遵义会议的延续。（赵力中作品）

遵义之后，中央发现当地并不是建立根据地的适宜地区。尤其是黔北盛产鸦片，粮食很少，烟毒泛滥严重影响了青壮年男子的体质，以致招兵有不少困难。加上黔北少数民族多，共产党的影响薄弱，地形条件也很不利，红军在此很难得到发展。于是中央政治局同意刘伯承、聂荣臻的建议，改变黎平会议的决定，准备北渡长江与红四方面军会合，到川北或川西建立根据地。

为了便于灵活机动作战，遵义会议否定了“大搬家”，对剩下的3万多红军进行了整编。领导整编的中央政治局委员陈云气魄大、组织力强、细致而又果断。这次整编把过去臃肿的“红章”纵队编制取消，把庞大的挑夫队伍解散，愿意留下参军的补充入作战部队，不愿意的遣散。过湘江后还保存下来的少量重物，这时或埋或丢，只剩下一个小队留有部分驮子和挑子，主要保管钱物和文件。通过这次整编，全军轻装前进，行动灵活，便于机动作战。

1935年1月末，中央红军北上在土城作战不利，北上渡长江进入四川的计划无法实现，于是又折回黔北，一度设想在此落脚。因3月中旬在鲁班场一仗未打好，毛泽东毅然决定南渡乌江进入云南，准备绕道那里进入西康，再进入川西，同红四方面军会合。

1935年6月，跋涉万里、克服八省险阻的中央红军翻越雪山后，同先期放弃了川陕根据地而西进的红四方面军会师。在“两大主力军，邛崃山脉胜利会合了！欢迎红四方面军，百战百胜的英勇弟兄”的歌声中，两军欢呼雀跃。此时中共中央同张国焘就下一步发展方向发生了激烈争论，中共中央就此在两河口、黑水芦花、沙窝、毛儿盖连连召开中央政治局会议，一座座藏式木楼或寺堂成了激烈争论的场所，南下还是北进成为争执的焦点。

红一、红四方面军会师时，中央红军经过万里转战减员，总数已不足2万人，衣衫破烂，人马疲惫。退出川陕的红四方面军约有8万人，服装整齐，显得兵强马壮。自1931年春天起，作为中央代表主持红四方面军工作的张国焘，此时自恃军力强，又以资格最老的中央政治局委员自居，看不起中共中央和红一方面军。他不仅不服从中共中央的决定，反而提出自己的一系列错误主张要中共中央接受。

两军会师之前，中共中央设想在川西建立根据地，致电张国焘只是要求派兵接应。双方会师后，中共中央才知道1935年4月间红四方面军已经完全放弃了川陕根据地，渡过嘉陵江西进开始了长征。张国焘擅自放弃川陕根据地，是对革命形势悲观失望的逃跑主义表现。中共中央领导人同张国焘见面后，便问他为何放弃川陕苏区，他回答称那里已经是一块拧干了的柠檬。他的意思是根据地内人力和财力已经枯竭，其实最根本的原因是想转向西部躲避国民党的进攻。这时，红一、红四方面军都处于无后方状态，下一步到哪里落脚就成了当务之急。

在两河口会议上，周恩来分析了当地情况，认为人口少且多属少数民族，扩大红军很困难，东面成都平原附近又集中了国民党川军和中央军主力，“可走的只有一条路，就是北上甘肃”，然后向陕西发展。同时，毛泽东、周恩来、张闻天、博古等领导人都认为，两军会师后可以迎来革命新高潮，“总的方针应是占领川陕甘三省，建立三省苏维埃政权”。张国焘却一心避战，提出或南下川康建立“川康政府”，或转向青海、新疆，若照此实施势

油画《两河口》表现了毛泽东和张国焘在红一、红四方面军会师后就发展方向展开争论。（李如作品）

两河口会议旧址。

必把红军引入荒凉的绝地。

红一、红四方面军会师后共有10万人，因前进的方针未定，徘徊在人烟稀少的汉藏交界区两个月，供给很难保障。毛泽东等领导人同张国焘反复谈话，希望说服他尽快北上。1935年7月21—22日，中央政治局在芦花（今黑水县城）举行会议，会上中共中央肯定了红四方面军战绩的同时也批评了退出川陕苏区的错误，张国焘则指责红一方面军长征中减员大。会议决定成立前敌总指挥部，统一指挥红一、红四方面军部队，徐向前兼前敌总指挥，陈昌浩兼政委，叶剑英任参谋长。会议决定尽快消灭占领松潘的蒋介石嫡系胡宗南部，打开北上通道，会后却因张国焘拖延避战而使这一决定未能实现。

徐向前（左）与叶剑英。

1935年8月4—6日，中央政治局又在毛儿盖以南的沙窝举行会议，提出了创建川陕甘根据地的任务。会后，张国焘在红四方面军内部煽动对抗中央的情绪，不愿北上而鼓吹南下。8月20日，中央政治局又在毛儿盖举行会议，张国焘没有出席，周恩来因重病也未到会。在会上，毛泽东提出北上的重要

1935年春，红四方面军突破嘉陵江后，放弃了川陕苏区开始长征，图为阆中红军纪念馆《强渡嘉陵江》雕塑作品。

性和迫切性，到会的中央政治局成员和来自红四方面军的陈昌浩、徐向前、李先念都表示拥护。会后，红军开始过草地，张国焘虽在表面上服从北进主张，但实际仍坚持南下路线，这又在征途中潜伏下重大危机。

与红四方面军分手后，中央北上落脚陕甘

红一、红四方面军会师时，红四方面军有5个军，即四、九、三十、三十一、三十三军，红一方面军有一、三、五、九4个军团（随即亦改称军，九军团改称三十二军）。在北进时，两个方面军混合编组，分为左、右两路军。红军的朱德总司令、张国焘总政委率领的总司令部随左路军前进，下辖五、九、三十一、三十二、三十三军；以毛泽东为首的中共中央随右路军前进，下辖一、三、四、三十军。1935年8月下旬，左、右两路军经过七天艰难跋涉，通过了草地。

右路军通过草地后，红四方面军发起包座战役，歼灭国民党中央军胡宗南部一个师大部，打开了北上通道。这时张国焘却突然变卦，率左路军南下，并要求右路军也南下。由于右路军中的红四方面军政委陈昌浩执行张国焘的决定，毛泽东对他反复劝说仍无效果，中央为避免红军内部发生冲突，便率领中央纵队和一、三军共8000余人于夜间出发单独北上。张国焘随后诬蔑中央“逃跑”，自己另立“中央”，分裂党和红军。

实践是检验真理的唯一标准。中央和张国焘分手后，红军北上成功、南下碰壁的事实证明了中央的路线正确。红四方面军（包括留在其中的原红一方面军的五、九军团）跟随张国焘南下后，在川康边界地区几经激战也站不住脚，被迫退向甘孜藏区。当时国内总的形势是抗日高潮正在兴起，红军只有进入北方抗日前线才能发展力量，这也是振兴中国革命的唯一正确道路。如果退到偏僻的西南少数民族地区，远离抗日前线，在政治上就无法争取最广大的群众，经济上也无法长久保障供应，最终只能是死路一条。

中央红军进入甘肃后，一时没有确定前进路线，主要原因是对西北地区情况不熟悉。当时在中央红军中担任中央白区工作部部长的贾拓夫来自陕西，曾被毛泽东赞赏为“党内贾宝玉”“陕北的才子”，在1933年以前他在中共陕西省委工作，了解刘志丹等干部，知道他们在陕北和甘肃东部交界处开辟了一块根据地。1933年底，他代表中共陕西省委前往江西瑞金向党中央

油画《红军过草地》。（张文源作品）

汇报陕甘的工作情况。毛泽东和中央其他领导人从他那里知道了陕北有红军。不过陕北红军同中央没有电台联络，当红军进入甘肃时，贾拓夫离开西北也差不多有两年，对那里的红军是否还存在不得而知。

其实，在1935年夏天之前，陕甘革命根据地开辟者刘志丹就已经在当地建立了红二十六、红二十七军，有4000余人的部队，同时也开辟了一块有40万人口的苏维埃区域。中央红军于1935年9月17日突破腊子口进入甘肃中部时，徐海东、程子华率领的红二十五军已经从鄂豫皖长征到达了陕北，同陕北红军会合，成立了红十五军团，兵力有7000人。可惜的是，红二十五军也没有电台，他们到达陕北时同中央联系不上。

1935年9月18日，长征的中央红军部队进入甘肃省宕昌县的哈达铺镇，这是三个月来进入的第一个较大镇子。红军在这里休整了5天，并决定将红一、红三军团，中央纵队改编为陕甘支队。中央寻找出路时，突然有了一个意外的发现，那就是红军在哈达铺镇一个邮局找到一些报纸，里面报道了陕甘地区红军活动情况并说明其声势很大。毛泽东等领导人立即召开会议，决定部队向陕甘苏区前进，后来有人就此形容长征最后是“一张报纸定方向”。

1935年10月19日，历经艰辛的中央红军长征到达陕甘苏区的吴起镇。11月10日，中央机关进入瓦窑堡。这一天，陕甘苏维埃政府组织几千名群众夹道欢迎，敲锣打鼓，还表演了秧歌舞，镇子里热闹非凡，经过远征的中央机关人员个个激动不已，感到真是到了自己的根据地。

中央红军到达陕北后，确定新的政治方针是党中央需要解决的头等重大问题。中央机关进入瓦窑堡后十余天，一个身穿光板羊皮袄的壮汉便找到这里，见到了老熟人张闻天。这个人就是中国工人运动著名领导人张浩（林育英），于四个月前受共产国际委派从莫斯科回国寻找中共中央传达新精神。为防路上被敌抓捕或遭遇其他不测，张浩不带任何文字材料，行前背下了文件内容和新电码，然后化装成一个货郎，先骑骆驼后步行跋涉千里通过内蒙古戈壁，沿途打听红军消息，最后看到陕甘苏区的布告才找到瓦窑堡，一路上足足走了三个月。

张浩见到张闻天后，讲述了共产国际的政策和策略出现的新变化。由于德国法西斯、日本法西斯对苏联的威胁日益增加，共产国际于1935年7月在莫斯科召开了第七次代表大会，提出了建立国际反法西斯统一战线的新政策，纠正了以往的一些过左政策。共产国际领导人在七大上盛赞了以毛泽东为首的中国共产党人领导的革命斗争，在会后才到达莫斯科的中共中央政治局委员陈云又报告了红军长征的情况，这使斯大林、季米特洛夫等领导人

哈达铺镇当年的邮局旧址，中央正是从这里找到的报纸中知道了陕北有红军的事实。

急于把国际新精神传达给中共中央。由于中央红军长征后同莫斯科中断了电讯联络，共产国际便派张浩这个熟悉中国情况的人作为代表（过去派来的共产国际代表都是外国人），从苏联通过外蒙古进入内蒙古，前往西北寻找长征中的中共中央。

由斯大林领导的共产国际在1935年的七大后改变了政策，提出建立国际反法西斯统一战线，对中国产生了积极影响。

张浩的到来，使中共中央领导人非常高兴，毛泽东、周恩来等人急忙从前线赶来相会。经过遵义会议，毛泽东已经纠正了“左”的错误，得知国际新精神正好与自身想法相吻合，马上开始制定实施抗日民族统一战线的新策略。

早在中央红军长征出发前，毛泽东、朱德、周恩来就联名发表了《为中国工农红军北上抗日宣言》，说明红军向北发展不仅是为了打破蒋介石的进攻，也是要进入抗日第一线。早在1933年，中华苏维埃共和国政府在对日本宣战后，已经公开表示愿同一切抗日的军队停止内战共同对敌。国民党当局却一味对日妥协，不接受中共的提议且加紧“围剿”。在这种形势下，中国共产党领导的军队前进到北方抗日前线，也是带动全国人民进行抗战的迫切需要。共产国际提出的建立抗日民族统一战线的政策，正好适应了长征到达陕北后红军的战略需要。

张浩作为中共党内老资格的革命家，此时又有共产国际代表这个特殊身份，到达陕北后又对团结争取红四方面军和制止张国焘的分裂发挥了重大作用。张浩在瓦窑堡致电过去很熟悉的张国焘，说明共产国际肯定中共中央的路线是正确的，迫使其不得不收起自立的所谓“中央”的牌子，回电表示“急谋党内统一”。

1935年12月17—25日，中央政治局成员聚集在瓦窑堡镇张闻天家的简陋窑洞，召开政治局扩大会议，史称“瓦窑堡会议”。会议由张闻天主持，毛泽东、张闻天、周恩来、刘少奇、博古（秦邦宪）、邓发、何克全

（凯丰）、李维汉、杨尚昆、王稼祥、彭德怀等十几人参加，张浩（林育英）在会上做传达。由于考虑到这次会议是传达共产国际的新精神，中央也让犯了严重错误而不再参与军事指挥的国际军事顾问李德前来参加并了解情况。

在瓦窑堡会议上，中央负责人主要讨论了国内形势和党的策略，着重研究了如何团结国内各阶层一致抗日。当时红军在陕甘战场的主要对手，正是“九一八”事变后流落关内，又被蒋介石驱赶到“剿共”前线充当炮灰的张学良指挥的东北军，这支部队便成为红军开展抗日民族统一战线工作的对象。毛泽东在会上做了关于军事战略问题的报告，会议还通过了张闻天起草的《中央关于目前政治形势与党的任务决议》。会后，毛泽东在党的活动分子会议上做《论反对日本帝国主义的策略》报告。在会上，中央决定重组的红一方面军尽快东征山西，争取进入华北抗日前线，以推动全国抗日高潮。

历史证明，瓦窑堡会议对中国革命的进程起到了重大作用。此前召开的遵义会议实现了党的路线和策略的转变，不过那时因军情紧急，主要是改变军事路线，还没来得及对过去错误的政治路线进行纠正。在瓦窑堡会议上，

油画表现了瓦窑堡会议的情景，毛泽东右边依次为张闻天、张浩、周恩来、博古。（王国征作品）

中央才彻底纠正了“左”的政治路线，完成了从遵义会议开始的全党的策略转变。历史证明，“政策和策略是党的生命”，中共中央实行了新的政策和策略后，国内斗争形势焕然一新。

1936年2月，毛泽东亲率红军东渡黄河入晋。红军主力东征期间，留守陕北的周恩来还进入东北军控制的延安，同张学良在教堂秘密会见，促进了东北军、西北军同红军建立合作关系，不久便爆发了以“兵谏”逼蒋介石停止内战的“西安事变”。从深层次的原因看，这些都是瓦窑堡会议后中共中央实行抗日民族统一战线新政策的丰硕成果。

瓦窑堡会议后，中共中央派刘少奇秘密前往天津主持北方局工作。他根据党的抗日民族统一战线新政策，纠正过左的错误，使此前遭受严重破坏的白区党组织开始恢复，如北方局系统的地下组织成员在一年内就增长了10倍，有5000余人，“一二·九”运动后掀起的全国救亡热潮也日益高涨。

瓦窑堡会议后，张浩和中共中央把新的政策方针通过电台通知了在川康边的红四方面军。此时张国焘的南下政策连连碰壁，红四方面军在藏区陷入了兵员粮食补充极困难的境地，这一事实也使红四方面军指战员感到中央的路线是正确的，加上朱德等人坚持主张北上，要求离开藏区的呼声日益高涨。任弼时、贺龙所率的红二、红六军团到达甘孜同红四方面军会师后，了解到中央的新政策后也坚决拥护，过去跟随张国焘的红四方面军政委陈昌浩也赞同北上同红一方面军会师。1936年7月，红二、红四方面军根据中央的要求一起北上，终于完成了三大主力红军于10月的会师，胜利结束了长征。

“屈指行程二万”并保留下宝贵的骨干

整个长征从1934年秋至1936年秋持续了两年，其中毛泽东率领的中央红军的长征历时一年。1935年秋天，毛泽东到达宁夏六盘山时，写下著名的“不到长城非好汉，屈指行程二万”（《清平乐·六盘山》）。此后，人们讲起红军长征，大都习惯说成“两万里长征”或“二万五千里长征”，这虽是艺术语言但却基本符合事实。

中央红军到达陕北后一个月，1935年11月中共中央在《抗日救国宣言》中就说明：“红军主力，经过二万五千里的长征，历尽艰难困苦北上抗日。”这个“二万五千里”的数字计算，其实有着可靠的依据。

油画《回师北上》表现了红二、红四方面军会师后，朱德、任弼时、贺龙、关向应说服张国焘（后中戴眼镜者）北上的场景。（何孔德、张文源作品）

现存的历史档案中，有一份红军第一军团经过地点及里程一览表，这是关于红一方面军部队最早的、最详细的可靠资料。此表以红一军团直属队长征中每天的行军里程记录为依据，从赣南到陕北一年间共行走1.8万里。中央机关基本与红一军团同路，行军里程累计也是1.8万里。

这一里程数字只是中央机关、军团司令部从出发到宿营的里程统计，并非实际所走的全部里程统计。中央机关人员到宿营地后还要外出找粮、砍柴和奔走宣传，又要多走不少路，加起来肯定超过两万里。战斗部队经常要迂回行动，有时反复冲锋，路程会更多。当年随红三军团长征的张爱萍后来回忆遵义战役的情况也说过，他们一个团在大部队占领遵义后，向敌军反击一次就追出70里，再返回遵义找大部队，这往返140里都没有算在红一军团直属队的长征里程中。

中央机关、红军直属队，可谓是参加长征的红军中走路最少的。作战部队同他们相比，至少要多走1/3的路，以此估算“二万五千里”只少不多。

红一方面军参加长征的部队，还有在红一、红四方面军会合后随总司令部行动的红五、红九军团，他们走的路程比红一方面军计算的两万里还要多一万多里。朱德、刘伯承随这些队伍行动，因此他们行军两年，走的路程有三万多里。以建制部队而论，红九军团（后改称红三十二军）首先是在红一

这幅油画形象地表现了毛泽东离开中央苏区走上长征路的情景。（沈尧伊作品）

方面军序列中长征，后面划归红四方面军，最后北上时又加入红二方面军。这支部队长征整整走了两年，其成员都说：“人说长征走了二万五千里，我们却走了三万七千里。”

对于红军长征到达陕甘宁时还剩下多少人，过去长期有着“3万人”或“8万人”的不同说法，其实这主要是出于计算方法的不同。

红一方面军即中央红军是国民党军围追堵截的重点，在长征中损失最大，出发时8.6万人的大队伍在一年后进入陕北时只剩6000余人。由原红三军团第十三团编成的第十三大队大队长陈赓后来回忆：“我当大队长，骑着马在前面走，不敢回头看，因为一看就把整个大队看完了。”

部队减员如此严重，不能不令领导者痛心。1935年10月中央红军到达陕北时，周恩来心情沉重地说：“我们红军像经过一场暴风雨的大树一样，虽然失去了一些枝叶，但保留下树身和树根。”

中央红军到达陕北前，红二十五军3000余人已到达那里并与陕甘红军合编为红十五军团。中央红军到达后重建红一方面军，经过在当地扩红和东征、西征，陕甘地区的红军（包括野战部队和地方部队）又发展到近3万人。

1936年10月，西征的红一方面军主力在甘肃会宁、静宁分别同北上的红二、红四方面军会师，全国主力红军就此在集中统一指挥下作战。当时军委

画家沈尧伊所绘的长征中的周恩来形象。

对下属各部人员的统计是：红一方面军和军委直属队共2.2万人（包括红军大学800人），陕甘宁地方红军8000人（另外在陕南有2000人），红二方面军1.1万人，红四方面军及总司令部直属队3.6万人。以上红军总计接近8万人。三大主力红军会师前，陕甘的红军后勤部门准备了冬衣7万套，还是不足。

三大主力红军会师结束长征后，红四方面军主力2万多人又渡过黄河西进组成西路军，不料于1937年春西进失败，只剩千余人到达新疆或潜回陕甘根据地。这一时期，红军在陕甘地区又扩招了一些兵员。至1937年夏，军委统计在陕甘宁地区的红军主力部队、地方部队和后方机关的人数总计为7.4万人，其中总部有4000人，野战部队有4.2万人。此外的人员，有地方部队以及院校学生、医院的伤残军人、后方被服厂和制械厂的人员。同年8月，红军改编时，野战部队编为八路军3个师，编制4.5万人。

经历过长征的领导人，常说长征后红军只剩下3万多人。这一数字也有依据，指的是经过万里长征到达陕甘宁的人员，不包括陕北红军及长征后扩招的人员，以及长征结束后西路军损失的人数。经历过长征而剩余的3万多红军指战员包括：中央红军到达陕北的6000人，红二十五军到达陕北的3000人，红二方面军到达陕甘宁的1.1万人，红四方面军在陕甘宁剩余人员1.4万人。

有3万多名经历过万里长征考验的红军指战员保存下来，这是当时党和红军最宝贵的财富，这些人不仅在实际斗争中表现出坚定的革命意志，而且差不多都有了丰富的战斗经验，多数战士都可以当干部带兵。因此，毛泽东认为长征后红军人数虽然减少，但力量却比过去更强，这既是指党的政治路线和军事路线已由错误转为正确，也是指红军的质量大为提高。

“铁流两万五千里，直向着一个坚定的方向。苦斗十年，锻炼成一支不可战胜的力量……”（抗战初期创作的《八路军军歌》）概括了红军长征体现的坚定性和无畏精神。尽管后人对长征后剩下的人数从不同角度统计有不

油画《走过岷山》表现了红军长征接近陕北时的情景，红军到达陕北使北上抗日有了实现的条件。（孙立新作品）

同说法，但是都证明了一个事实：虽人数减少，但革命力量却增强了，并最终发展成一支赢得全国胜利的大军。

红军战略转移的目的，通过长征得到了实现，中国革命的主要基地从南方迁到西北，又从那里出发获得新的大发展。从这个意义上看，长征是伟大的胜利。1935年12月，毛泽东在瓦窑堡会议后做的题为《论反对日本帝国主义的策略》的报告，其中又说明“长征是以我们胜利、敌人失败的结果而告结束”“长征一结束，新局面就开始”。此后的历史进程，充分验证了毛泽东的这一判断。

二 长征留下的人坚持游击苦战

红军主力离开南方根据地长征时，在赣、闽、湘、粤、鄂、豫、皖、浙八个省还留下了一些部队坚持战斗。蒋介石在派兵围追堵截北上的红军主力时，更是用重兵“清剿”原来苏区留下的革命武装，绝不允许他视为心腹地带的南方再存在共产党的力量。留下的红军与敌人力量悬殊，受到严重损失后只能化整为零进入深山老林，进行了从1934年秋至1937年秋的艰苦卓绝的三年游击战争。许多老一辈人称“长征苦，留下的人进行游击战同样苦”。红军长征、南方三年游击战、东北抗联的苦斗，这三项英勇斗争被并称为中国革命史上的三大艰苦。1937年全面抗战爆发时，蒋介石不得不停止对南方八省的红军游击队的进攻，这些游击健儿又组成了铁的新四军，奔赴抗日的战场。

“中华苏维埃共和国留守处”为掩护主力坚持到最后

1934年10月中旬，中央红军主力突围向西长征时，苏区出现了一种“风萧萧兮易水寒”的送别场面，类似战国时代易水河边送荆轲的悲壮场面，不过区别在于他们不相信“壮士一去兮不复还”，而是认定革命会胜利，红军还会打回来。

中共临时中央长征出发前，仍决定要坚守原有区域，因此在瑞金梅坑成立了中共中央分局，由项英、陈毅、陈潭秋、贺昌、瞿秋白等五人组成，以中共中央政治局委员项英为书记，同时成立以陈毅为主任的中华苏维埃共和国临时中央政府办事处。

项英是中国共产党早期工人运动的重要领导人，在党内有斯大林亲自赠予手枪这一别人都未得到过的荣誉。自1931年在江西瑞金成立中华苏维埃共和国临时中央政府以来，毛泽东虽身为主席但却受排挤而不能起主导作用，项英作为副主席主管政府的具体工作，相对比较熟悉中央苏区的情况，中共临时中央让他作为留守部队的总负责人也是出于这一考虑。不过他是湖北人，与江西当地的干部缺乏联系，也没有指挥过战斗，不熟悉军事。后来黄克诚大将在回忆录中谈到长征前的留守人事安排时，就认为让项英总负责并不合适。

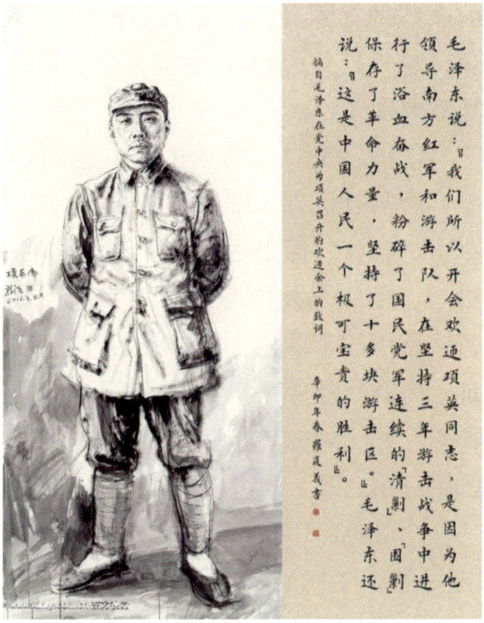

军旅画家孙浩所绘的项英形象。

在主力撤走的危急关头，项英能临危受命，也是难能可贵。全面抗战开始后他到延安开会，被中央和党内同志誉为“坚持三年游击战的英雄”，这是因为留下的人面临的环境更艰险。

秦文清、张庆涛所绘的油画《血色残阳》，表现了红军长征后留下的人员英勇奋斗到最后的场面。

中央红军长征时，五个主力军团连同中央机关共8.6万人出发，留下的部队编为中央军区，其中仅有一个原来的主力师——红军第二十四师，剩下的都是地方各军区的一些独立团、营，总共不过1.6万人。再加上留下的一些机关人员和伤病员，总共有3万余人。这些人老弱病残多，又没有什么好武器，1万多伤病员还需要别人照顾。

以博古为总负责人的中共临时中央出发前，交给项英的任务是坚守瑞金、会昌、于都、宁都这四县之间的“三角地区”，牵制国民党军，掩护红军主力转移，保卫中央苏区。中共临时中央的计划是，中央红军在湘西站稳脚后，留守部队再配合红军主力反攻，恢复原有的中央苏区。根据这一任务，留下的那些枪支不够、战斗员严重不足的部队，仍然要打正规战坚守阵地。因此，在原来主力红一军团、红三军团、红五军团撤下来的阵地上，又换上了刚由地方赤卫队一类武装升级编成的各县、区独立团、营，继续阻击国民党军向瑞金的进攻。

中共临时中央交代的这一任务，显然不切实际。主力红军尚且不能挡住国民党军的进攻，何况留下的这些弱小的地方部队，他们怎么能保住瑞金这一红色首都呢？

项英送别了博古、周恩来、毛泽东、洛甫、王稼祥、朱德等人，马上部署在各个方向的防御，还准备成立新的军团、师。当时因右胯骨被子弹击中而粉碎性骨折的陈毅正躺在床上，面对留下的烂摊子焦急万分。看到老战友项英的部署，陈毅认为不符合实际，并建议：“过去的大规模根据地、大

油画《我们一定会回来》表现了红军告别中央苏区走上长征路的情形。（孙立新作品）

这幅油画表现了陈毅带伤留在中央苏区坚持游击战的情景。（章仁缘作品）

兵团作战的局面完结了。”“在组织上要迅速把干部和部队分散，开展广泛的、灵活的游击战争。只有这样彻底转变斗争方式，改变领导方法，才能争取斗争的胜利。具体说，就是将留下的红军和地方武装分散到各县，穿上便衣，背起快枪，打游击去，让敌人找不到目标。”

项英听到陈毅的建议后，起初犹豫不决，仍继续机械地执行中共临时中央行前的部署，不肯改变。红军主力转移时又严格保密，其战略意图在留守人员中只有项英、陈毅、贺昌等极少数人知道，广大指战员和中央苏区的群众并不知情。他们大都以为主力很快会打回来，因此还在坚守原有阵地而没有分散行动。

江西瑞金的中华苏维埃共和国临时中央政府的大礼堂，当时是红色政府的象征。

中央红军长征出发后

将近一个月内，瑞金城内的中华苏维埃共和国临时中央政府仍在项英主持下继续工作，机关报《红色中华》照样每天出版，装出中央和主力红军仍在当地的样子，以显示西进的部队不过是分支。

此时蒋介石因情报手段拙劣，在中央红军长征后一个月内仍摸不清共产党军队的主力是西进还是留在根据地，加上对过去冒进遭受的打击心有余悸，因而不敢大胆深入中央苏区。1934年11月中旬，国民党军才摸清了红军主力已经西进，因而大胆进攻，攻占了已是空城的瑞金、会昌、长汀。项英率领剩余的红二十四师和中央苏区机关转移到赣南的会昌以南的仁风山区，仍集中兵力想打大仗，没有分散打游击。

蒋介石虽看到中共中央已率部西进，但仍认为中央苏区留下的武装和群众是心腹之患，此前向中央苏区调来的50万“围剿”军中只有10万人追击长征的红军，其余大都留在中央苏区及其周围进行“清剿”，目的是彻底消灭革命力量的基础。留下的中央苏区红军没有尽快分散转入游击或地下活动，自然会遭受沉重打击。

国民党“围剿”军向中央苏区开进。

1935年初，上万人的留守红军和中央机关人员被国民党军压缩包围在赣南仁风山的狭小地区。面对危局，项英日夜守在电台旁，一再向中央请示对策。陈毅在旁边说：“中央天天在行军，很难顾得上我们，还是赶快分散突围吧。”此时，项英安排部队掩护陈潭秋、何叔衡、瞿秋白等人突围，并以一部向湘南行动。2月5日和13日，经过遵义会议改换了领导的中央终于连来两电，要求“彻底改变斗争方式”，采取分散的游击战。

可惜的是，正确的指示来得晚了些，敌军实行了严密的封锁，中央苏区留下的部队多数突围都未成功。3月9日下午，项英、陈毅、贺昌这三个主要负责人决定按组织原则最后一次向中央报告，中央苏区已完全沦陷并已分路突围。接着他们下令砸碎电台，分路突围。由于瑞金以北广大地区是平原丘陵且有敌重兵，难以回旋，只有赣粤边和湘赣边、闽西有高山密林易于隐蔽，项英、陈毅、贺昌等人经研究决定兵分九路，安排部分人员分别向西、向东突围，指挥身边的部队向南突围，到以油山为中心的赣粤边去打游击战。

左图为毛泽东的小弟弟毛泽覃，他在三年游击战争初期牺牲，右图为毛泽覃烈士的纪念碑。

红军总政治部副主任兼中央军区政治部主任贺昌率一个营先行，途中遇敌拦截，部队被打散。贺昌负伤后仍持驳壳枪战斗到底，将最后一颗子弹留给了自己。中共最早的党员之一、赣南省委书记阮啸仙在突围中牺牲，省委机关队伍也未能冲出去。赣南军区政治部主任刘伯坚在突围中负伤被俘，写下了《带镣行》的壮烈诗篇后慷慨就义。毛泽东的弟弟、赣南独立师师长毛泽覃只率30余人冲入瑞金南部山区，在敌军搜山时被发现，战斗到最后牺牲。

在这次从中央苏区最后的突围中，转移出去的不足2000人。项英、陈毅、邓子恢等突围人员分散在粤赣边和闽西等地，开始进行游击战。

中央红军长征后中央苏区失陷的无情事实，证明“左”的错误指导不仅造成主力被迫突围，而且导致留守人员迟迟未能转变斗争方式，以致最终也无法在原地生存。遵义会议后，以毛泽东为首的新的中央领导指示留守根据地的红军转变斗争方式，从单纯的消极防御转入灵活的游击战，才使游击战得以长期坚持，并牵制了很大一部分敌军主力，中国革命力量在南方也才能保留下一些宝贵的战略支点。

困难时的英雄最难当

中央苏区的留守部队实行突围，开始了转入游击战的战略阶段。遵义会议后，以毛泽东为代表的党中央发来了重要的“二月指示”，才使中共中央分局实行了改正规战为分散游击战的转变。可惜这种转变开始时形势已严重恶化，若能更早地实行游击战，中央苏区的红军可能保存得更多些。此时突围路上血雨腥风，无情地吞噬了众多优秀革命同志的生命，但也保存下了重要的革命火种。

中央苏区最后失陷时的情景，正如陈毅的诗中所说的那样——“连天烽火炮声隆，惜别赤都情意浓。重围突破万千重，挥戈直指油山中。”选择那个方向，是因为位于江西、广东边境的油山地区便于游击活动，当地还有党的群众基础。

在突围时，项英、陈毅坚持到最后才走，为了缩小目标，他们决定让剩下的人分散行动，最后到油山集合。临行时，陈毅特别向大家说：“胜利的时候要当英雄，困难的时候更要当英雄。真正的英雄是从困难中锻炼出来的，现在是考验我们的时候了。”

当项英、陈毅突围时，敌军已经冲进仁风山，到处是“捉拿”的喊叫声。他们便转入山林与敌周旋，幸而得到一个陈毅熟悉的曾受过冤屈的县委书记带路，才绕出敌军的“搜剿”圈进入油山。300余名突围成功的指战员，也汇聚到了油山。此时，陈毅得知贺昌、阮啸仙在突围时牺牲了，不禁热泪长流，连夜写了《哭阮啸仙、贺昌同志》：

环顾同志中，阮贺足称贤。
阮誉传岭表，贺名播幽燕。
审计呕心血，主政见威严。
哀哉同突围，独我得生全。

红军总政治部副主任贺昌烈士雕像，他牺牲于1935年初的赣南突围之中。

油山地处赣粤两省边界，千峰转不尽，到处是高耸入云的峰峦，漫山是青翠竹林和齐腰深的茅草。在此进行“清剿”的主要是广东军阀部队，他们虽与蒋介石的中央军有矛盾，同共产党也曾达成过秘密停战的协议，然而看到中央苏区失陷后又卖力地对游击队展开围攻。项英、陈毅领导油山斗争，油山就

中国邮政发行的纪念中国共产党的创始人之一何叔衡的邮票，他在向闽西突围时牺牲。

老画家靳尚谊所绘的瞿秋白被俘后的形象，表现了他坚贞不屈的意志。

开创闽西根据地并在三年游击战争时领导当地斗争的领导人邓子恢。

此成为赣粤边三年游击战争的中心。

从中央苏区向其他地区突围的红军，途中也都经历了残酷战斗。向闽西突围的部队遭敌一再拦截，瞿秋白和项英的妻子张亮等被俘，何叔衡牺牲，陈潭秋在激战中负伤缺损了半只耳朵才冲杀出来。随后，瞿秋白拒绝了国民党当局提出的看似“宽大”的条件（即不必发表自首书及反共声明，只要同意到国民政府中当俄语翻译就行），最后唱着《国际歌》走向刑场。在向东突围的队伍中，只有邓子恢、谭震林等人率100余人突围到达闽西的永定，同原先在这里坚守的张鼎丞所率的部队会合，建立了广大的游击根据地，成为南方游击战的另一个支点。

向西（湘南）突围的部队，在蔡会文等人率领下经历了血战，在八面山区也建立了游击区。这支队伍中的中央军区参谋长龚楚经不起斗争考验，用手枪打死一个阻止他变节的团政委后，向粤军投降，随后被广东军阀委任为“剿共游击司令”，专门侦察和袭击红军游击队，并重点追捕过去的战友项英、陈毅。这个红军中级别最高的叛徒龚楚，被国民党授予少将军衔，成为革命队伍最被鄙视的可耻典型。此人在全国解放时投诚，按政策不再追究，他却心虚害怕而跑到香港，至20世纪90年代初才返回家乡定居终老。

项英、陈毅率领部队刚突围到油山时，会合当地武装建立了1000多人的游击队，国民党当局又下令对此地继续“清剿”。1935年春，国民党当局的“清剿”会议在南昌召开，会后，广东军阀最精锐的第一军三个师在军长余汉谋指挥下转移到赣粤边，以三道封锁线把方圆百里的油山游击区围得水泄不通。由于在深山老林中总找不到红军，余汉谋便采取了毒辣的封山之法。粤军对山间“清剿”区内的房屋均放火焚烧，还杀鸡犬、抓壮丁，造成“闾阎不见炊烟，田野但闻鬼哭”的局面。

面对艰苦的斗争形势，各游击区内加强了革命气节教育，陈毅专门召集队伍，宣布革命是自愿的，实在忍受不了艰苦的可以走，然而不能出卖同志。项英、陈毅所率的游击队只剩300余人，被困在深山老林里昼伏夜行，风餐露宿，过着一种“野人生活”，这些人在严酷的考验面前都无愧于英雄称号。

油山是国民党军对南方“清剿”的重点，游击队的条件格外艰苦。陈毅写下的《赣南游击词》就描绘出当时的生活：“天将午，饥肠响如鼓。粮食封锁已三月，囊中存米清可数。野菜和水煮。”尽管如此，当他们得知中央红军北上抗日已过金沙江的消息时，陈毅又以乐观的笔调写道：“莫怨嗟，稳脚度年华。贼子引狼输禹鼎，大军抗日渡金沙。铁树要开花。”

要等“铁树开花”，这需要何等的勇气与信心！游击队此时以天当房，以地当床，以草当粮，在“野人生活”中磨炼顽强斗志。从1935年4月起，油山游击队开始住棚子而与房子告别。项英后来回忆说：“几乎有两年时间我夜里从不脱衣服，而且总是穿着鞋子睡觉。我们多数士兵都是这样的。那时我老穿着一套棉布制服，后来这套衣服褪了色，破破烂烂的尽是补丁。”“我们总是吃不饱。”

油画《南方三年游击战争》表现了长征时留在根据地的陈毅等人领导游击战的艰苦生活场景。（陈其、陈坚作品）

由于敌军经常搜山，叛徒龚楚还带人化装成红军袭击领导机关，赣粤边红军游击队指战员总是随时准备转移，几乎不能脱衣离枪睡觉。在深山里，开始大家还搭竹棚、茅草棚居住，结果在敌人大搜山时棚子成了搜索目标，游击队只好拆掉棚子，几个人在大树下背靠背睡，下雨天撑把伞或在树上支起一块布以避风雨。到了深秋和冬天，淫雨霏霏，寒风刺骨，游击队员衣裳单薄，且无被盖，夜晚只好烧起火来，将烤热的芭蕉叶当被盖，以御寒冷。皖浙赣边游击区的一支游击队在1937年早春被敌人围困在深山，天寒缺衣，在又冷又湿的灌木丛中受冻挨饿，怕暴露目标不能生火取暖，一夜就冻死20余名游击队员。

在艰险的环境中，陈毅仍以革命乐观主义精神写了许多诗。有一次面对敌军日搜夜剿"满山抄"，又燃起大火，陈毅带伤病伏于草丛中20余日，虑不得脱，毅然在衣底写下了《梅岭三章》："断头今日意如何？创业艰难百战多。此去泉台招旧部，旌旗十万斩阎罗。"这首诗豪迈地表达了到"阎罗"处也要怒斩敌人的气概。

在三年游击战中，饥饿经常折磨着每一位红军游击队员。此时要坚持斗争，只有依靠群众支援，正如陈毅诗中所说："他是重生亲父母，我是斗争好儿郎。"尤其是老苏区的群众大都有亲属参加红军，他们把游击队看成自己的子弟，一直不惧杀头的威胁秘密支援。

在反"清剿"前，群众经常在山上一些秘密地点给游击队埋藏下粮食、油盐。在一些村子里，红军还建立"白皮红心"的关系点，定期下山来取日用品。当时国民党军实行封山措施，抓住违禁上山的老百姓就杀，尽管如此，仍有不少人偷着上山给红军送东西。有时粮食接济不上，游击队只好以野果、野菜、草根充饥，春天挖竹笋，夏天摘杨梅，秋天吃野菜，冬天找山

这幅油画表现了陈毅在山中游击作战的情景。（宋韧、肖峰作品）

果。红军游击队就是以这样顽强的意志，度过了三年最艰苦的游击岁月。

项英、陈毅等领导人能把斗争坚持下来，首要是与战士们同甘苦，共患难。身处饥寒交迫的境地，大家仍谈笑风生，以苦为乐。特别是陈毅面对困难一向胸怀坦荡，泰然处之。他不仅以诗篇激发斗志，还经常分析形势鼓励大家："眼前是苦，有特殊的困难，可将来形势会大发展，会有光明的伟大前途。"正是靠着在精神上压倒敌人，油山游击队在三年间才能一再战胜数万敌军的反复"清剿"，坚持到内战的停止。

湘赣苏区克服投降逆流

在红军的三年游击战争中，湘赣地区也是一个重要的战略支点。井冈山北面的永新县，是毛泽东亲自开辟的湘赣苏区的中心，任弼时曾在这里主持领导红六军团的斗争。1934年夏红六军团离开这里开始西征，留下了5个团约5000人的地方武装，党政军领导核心由湘赣省委书记陈洪时、湘赣军区司令员彭辉明、省苏维埃政府主席谭余保三人组成。红军主力转移后，留下的部队面临着严寒、饥饿、疾病和敌人的疯狂进攻，越是艰难的时候越容易出叛徒，湘赣苏区也经历了反投降逆流的严峻考验。

1935年上半年，国民党军以5万兵力大举"进剿"湘赣苏区，并封锁粮食、油盐等各种物资。在激战中，湘赣军区司令员彭辉明牺牲，政委兼省委书记陈洪时情绪低落随即失踪。接着，省苏维埃政府副主席肖行麟、团政委谭富英、旷朱权和团长李宗保相继叛变投敌。当时在湘赣地区的山林边到处贴着这样的标语——"红军主力已被消灭了，苏区已不存在了"。

最令当地人震惊的是，1935年6月18日国民党《中央日报》突然登出消息："伪中央委员兼伪湘赣军区司令陈洪时，偕匪官十人，手提机枪，驳壳等十余支，向萍张专员公署投诚。陈为留俄学生历任'赤匪'要职。"这个在莫斯科就追随王明，到湘赣后又推行极左路线的当地党组织最高负责人叛变后，游击区内到处张贴着署名"招抚专员陈洪时"的传单——"你们在山上不投降就会饿死冻死！"受他的煽动，省保卫局局长和军区游击司令员也相继投敌，部队只剩几百人，毛泽东开辟井冈山根据地时创建的湘赣苏区此时真到了危急关头。

在形势恶化之际，"三人组"只剩下谭余保一人。"难道革命真的陷入了绝境？"多日里谭余保都陷于苦苦思索之中。他了解到主力红军仍在长征中，并未被消灭，坚信革命有光明的前途。1935年7月，谭余保在莲花县棋盘山召开了一个有40多人参加的紧急会议，湘赣边界地区能联系到的游击队负责人都前来参加。

会议一开始，谭余保便痛斥了陈洪时背叛革命、投降敌人的可耻行径，并部署了在湘赣边区军民中肃清其影响的斗争工作。会议通过讨论，统一了对形势的认识，重建了以谭余保为首的湘赣临时省委。谭余保坚定地向到会者说："湘赣边区是毛泽东同志亲手创建起来的革命根据地，红旗一定不能倒！我们有党的正确领导，有红军主力配合，有大革命时期的根据地，有富有革命传统的广大人民群众，有大山，有森林，我们还有几百个经受过考验的红色战士，只要我们团结一致，就能战胜困难，打败敌人，就是一支永远不可战胜的力量。"

领导湘赣游击战的谭余保。

谭余保的坚定意志和鼓动，拨开了红军游击队指挥员心头的阴霾，大家返回各自的山头组织力量进行游击斗争。谭余保等人虽然同中央失去联系，但却通过残酷的斗争实践认识到，只有狠狠地打击敌人，显示红军存在并有力量，才是稳定人心的最好办法。湘赣临时省委将失散的部队编为六支大队，在分散游击时掌握有利时机，不断袭击敌军据点，尤其是在莲花、安福两地连战连胜，使县城内的敌军龟缩不敢出击。这样，革命军民又得到鼓舞，人们都说"红军没有失败，现在还在打胜仗"。

为了保证队伍稳定，谭余保又规定了相互监督的严格纪律，他"杀叛徒"一时出了名。一个跟随他多年管财物的干部擅自下山，被哨兵发现捉回，发现是携款潜逃，他手一挥，根本不听此人解释便下令杀掉。谭余保的一些举动虽然后来看似过于严厉，但在当时却起了重要作用。

湘赣临时省委在湘赣边区形势危急时积极开展反叛徒斗争，在红军游击队中进行气节教育，并以积极的战斗振奋人心，最终力挽狂澜，使湘赣边区的革命红旗不倒。至1937年秋内战停止时，部队又发展到1000余人，在陈毅说服动员后下山编为新四军的一部。

除湘赣游击区外，其他游击区在危急时刻也严厉打击了投降逆流，才使

领导闽东游击战的领导人叶飞。

得斗争坚持下来。被称为“最后建立的苏区”即闽东苏区的形势也严重恶化。此前在“福建事变”后的短时间内，中共福建省委特派员叶飞等人领导闽东党组织和工农游击队创立了拥有100多万人口的根据地，经历过“五百里政权”的全盛时期。1934年11月，蒋介石调集10万军队对闽东苏区发动了大规模的“清剿”。面对严峻形势，独立师政委叶飞主张：“独立师应当转入游击战，脱离敌人的包围，转移到苏区外围。”会后，闽东独立师开始向边缘区突围，师长冯品泰却对革命失去信心，鼓动参谋长同他一起投敌而被揭发，特委马上将其处决，从而制止了投降逆流。叶飞等人率部突围时同敌反复激战，最后只剩下500余人，转入山区打分散的游击战。

闽东游击根据地坚持斗争时，遇到了敌军的分兵“清剿”以及烧杀并村的“五光政策”。以叶飞为首的闽东特委认为，硬打硬拼的话地方群众损失太大，且难以持久，于是决定在地方政权中采取“白皮红心”政策，争取一些保甲长秘密为红军游击队服务。特委对过去的“打土豪”政策也做了灵活改变，只打白区的土豪，对游击区的土豪则采取“借款”方式，使其不易逃走且不会死命对抗。对于群众和商人，特委也适当调整了政策，这样就一再挫败了国民党军的残酷“清剿”，恢复了大片游击根据地。至内战停止时，当地还保留有1300人的武装，随后编入了新四军。他们斗争中积累的这些经验，后来在抗日战争时期有效地运用到江南的反“清乡”斗争中。

大别山上红旗不倒——红二十八军又起

作为红四方面军发源地的大别山，横贯鄂豫皖三省，是中国革命战争中与琼崖地区并列为坚持斗争时间最长久的根据地。红二十五军长征之后，留下来的红军和游击队在远离党中央、失去上级领导的情况下，组建了红二十八军，粉碎了20万敌军多次梳篦式的“清剿”，保存了南方各游击区中最大的一支力量。

大别山位于南京和武汉之间，位于国民党统治心腹地带，因而一再遭受残酷“围剿”。1932年秋红四方面军主力突围西进川陕后，留下的部队组建红二十五军继续坚持斗争。因当地人力、物力损耗严重，1934年11月中共鄂豫皖省委根据中共中央指示，率红二十五军离开根据地向西长征。留在鄂豫皖边区的皖西北道委书记高敬亭根据省委指示，以留下的部队1300余人重建红二十八军。

国民党当局看到大别山始终有红军存在，于1934年末又调动17万军队进山“清剿”，使许多地方成了无人区。由于敌军惨绝人寰的血洗，大批干部、党员和群众骨干被屠杀，整个鄂豫皖根据地只剩皖西的赤城、赤南、六安和鄂东北老区几小块游击区。当时若同敌人继续硬拼，无异于以卵击石。高敬亭等人决定利用红军山熟、路熟、群众条件好的特点，一面在根据地内同敌人周旋，一面以一部西进桐柏山开辟新根据地。红军还根据敌军的强弱差异，“拣弱敌打”，对战斗力较强的敌二十五路军采取“拖”的方式，重点打击战斗力较差的保安团队，一切供给取之于敌。

高敬亭的雕像，他作为红二十八军政委领导了鄂豫皖边区的三年游击战争。

在三年的游击战中，尽管鄂豫皖中心区被敌占领，红二十八军的活动范围却得到扩大，在三年间转战了鄂豫皖边区45个县，在22个县建立了游击根据地或立足点。领导红二十八军的高敬亭文化程度不高，未上过军校，却有着多年游击战经验，并善于总结经验和创造新的打法。鉴于敌我力量悬殊，以他为首的新鄂豫皖省委提出了“四打四不打”的原则，在“敌情要明，伤亡要小，地形有利，缴获要多”这四种情况下可以打。反之，就是“四不打”。

在占绝对优势的敌军不断围追堵截之下，红二十八军在游击战争中创造了集中与分散相结合的打法。敌人分散时就集中兵力打歼灭战，强敌来攻时又把主力分散到敌后活动，运用伏击、袭击、化装智取等灵活机动的战术。红二十八军还抽调熟悉本地的人，组建了不少党政军三位一体的武装工作队——便衣队。这些便衣队主要带短枪，平时同群众在一起活动不易被敌人发现，经常利用夜晚出其不意袭击反动豪绅，使地方反动势力惊恐万状不敢随意活动。便衣队又把打击敌人和筹粮筹款相结合，这成为土地革命战争时期创造的一种有效斗争形式。1936年6月28日《申报》登载的一篇《汉口通讯》反映了国民党当局的惊恐——“高敬亭全部精锐，不过千余人，在边区各县时集时散”“日见扩大，滋蔓难图”。

1937年春，蒋介石虽停止了对陕甘宁根据地的进攻，但却想尽快“剿灭”南方游击队，又派嫡系将领卫立煌率八个师再度“清剿”鄂豫皖地区，结果仍无法抓住红军的大部队，红二十八军的手枪团等部还绕到敌军后方的豫南地区进行游击活动。无计可施的国民党军，最后只好表示愿意谈判。

1937年9月，红二十八军在得到中共中央的指示后，同国民党达成了停战协议。此时鄂豫皖根据地仍保存着原有游击区，当地红军不但没有被消灭，还发展到2000余人，成为在南方八省游击战后组建新四军时人数最多的一支队伍。

在南方三年游击战争期间，红二十八军和鄂豫皖边区军民浴血奋战，有着重要的战略意义。红二十八军政委高敬亭在实行极左的“肃反”和领导方式方面有严重错误，毛泽东还是肯定他坚持大别山三年游击战争的功绩。鄂豫皖的英雄儿女在红四方面军、红二十五军相继撤走后仍以顽强的精神坚持斗争，更在中国革命史上成为顽强斗争的典范。这一斗争有力地支援了红二十五军和中央红军的战略转移，配合了南方其他游击区的斗争。红旗始终飘扬在大别山上，大别山也成为后来在江北建立的新四军坚持抗日的重要战略支点。

八省健儿最后汇成一道铁的洪流

1936年12月，由于蒋介石坚持“剿共”政策而不肯抗日，爱国将领张学良、杨虎城发动了“西安事变”，迫使国民党当局停止对陕甘红军的进攻并促成了国共谈判。1937年2月，周恩来借西安谈判的契机，向国民党建议将南方红军游击队改编为民团或保安团，作为抗日队伍。这一建议却迟迟得不到答复，后来国民党当局甚至否认南方存在红军。

蒋介石在同周恩来谈判时拒不涉及南方红军改编的问题，同时在内部密令南方各省“务必乘中央与共方谈判之机，消灭共方之武力与地方组织”，就是妄图尽快在南方消灭红军游击队，届时以既成事实迫使共产党放弃将其改编为一支新部队的要求。

1937年上半年，由于蒋介石推行“北和南剿”方针，在北方国共战争基本停顿后，南方游击根据地的反“清剿”战争进入了最残酷激烈的阶段。由于前一年夏天发生了“两广事变”（即蒋介石同广东军阀、广西军阀的对抗），接着又发生“西安事变”，“清剿”南方红军游击队的国民党军主力一度大部分撤走，留下的主要是地方武装，多数游击根据地又得到发展，部队扩大了一倍多。有些地区的领导人认为内战很快会停止，也放松了警惕，结果在国民党军集中重兵加强“清剿”时，南方多数游击根据地又遭受严重损失，重新挂出牌子的苏维埃政权再度被摧毁。

在最后的激战中，红军游击队仍在各地保存了许多力量，骨干力量退到深山中并未被消灭。当时，项英、陈毅等领导人想方设法与中共中央取得了联系，在了解中央的指示精神后积极开展统一战线工作。从1937年春到“七七事变”前后，南方八省15个游击区通过快邮发电、发倡议书及发表宣言、声明等形式，呼吁“停止内战，一致抗日”，相继提出或者开始同国民党当地驻军或地方和平谈判。

同年7月上旬，面对日寇大举入侵，蒋介石要抽兵到前线抵抗，在江西省内只留下8个保守团，因此不得不停止对南方红军游击队的进攻，在同中共中央代表谈判时也承认这些游击队的存在，并同意改编其为抗日队伍。卢沟桥的隆隆炮声响起后，为挽救民族危亡，坚持战斗在南方八省的游击健儿根据中共中央的精神，也同意与国民党当局达成协议，下山集结编为抗日武装。

国民党当局对南方红军游击队停止“清剿”后，仍不想在南方再出现“第二个八路军”，总想借谈判之机加以吞并或“融化”。7月中旬，粤军请闽粤边区的游击队进入漳浦县城内，特委书记何鸣因缺乏警惕性，率600名游击队员进城，突然遭受包围缴械。随后，这些游击队员一部分被解散，一部分被强行编入国民党部队（包括何鸣本人），只有1/3的干部战士跑回游击区。对这一“何鸣事件”的严重教训，毛泽东马上告诫全党，尤其要求南方游击区注意。此后，红军游击队选择的下山集结地，都是距国民党军主力较远的地点，并且时时做好战斗准备，以防遭受暗算。

由于国民党当局对红军始终充满敌意，表面上停止“剿共”实际上是想“招安”，目的还是要吞并或“融化”。因此，根据中共中央的指示，各游击区的党组织和游击队把同国民党当局的谈判当成一场与军事斗争相交织的政治斗争。不少游击区的谈判和反“清剿”斗争交织在一起，表现出有打有谈的复杂状态。如闽东的国民党当局对红军关于合作抗日的要求置之不理，继续向游击队进攻，叶飞率独立师一举歼灭国民党军一个加强连，以胜利迫使国民党当局同意和谈。鄂豫皖的红二十八军前往集结地时，发现国民党军在周围形成包围，马上夜袭冲了出去。当时在鄂豫皖主持“清剿”的国民党将领卫立煌看到国难当头，认为不能再“剿共”，在自己职权范围内制止了对红军游击队的进攻，并以比较积极的态度进行谈判，才使得红二十八军的下山集结和整编在相对顺利的情况下完成。

1937年8月以后，全面抗战的范围扩大。日军发起对上海的进攻，威胁到国民党统治集团心脏地区。周恩来等中共代表又向国民党建议统一整编南方各地红军游击队，再编成一个军开赴抗日前线。国民党迫于形势需要，又怕游击队“扰乱后方”，终于同意这一建议，并企图借日军之手来消灭红军游击队。10月，国共两党谈判达成协议，将江西、福建、湖南、湖北、广东、浙江、安徽和河南等南方八省的红军游击队统一整编为“国民革命军陆军新编第四军”（简称“新四军”）。

在动员游击队下山时，党内又要克服一些人不理解抗日大局，只强调阶

《铁的新四军》这幅油画表现了国民党军最后停止“剿共”同红军游击队谈判的场面。

级仇恨而不理解国共合作的偏激情绪。陈毅冒着被人误会为叛徒的危险，上山说服了一些游击队领导，使他们从深山老林里走出来，集中开赴长江南北的抗日前线。

在向分散在各地的游击队做下山整编的说服工作时，也出现了几支队伍不听指挥、不顾大局的情况，这些人在国内团结抗战的形势下不能生存，很快被国民党军消灭。另外，红四方面军留在川陕根据地的游击队在刘子才领导下退入深山老林中进行斗争，对外消息不灵，国民党在同中共谈判时也不承认其存在。全国抗战开始后，中共中央曾秘密派人到川北深山中寻找这支队伍，刘子才等人得知国共合作抗战的消息，也派人下山想同中央建立联系，结果都未成功。这支游击队在孤立无援且得不到上级指示的情况下活动到1940年，被国民党军消灭。

南方三年游击战争，是中国共产党领导的土地革命战争的重要组成部分，在红军主力长征时牵制了国民党军力量，对长征的胜利起到重要的配合作用。全国抗战开始后，南方红军游击队又遵照中共中央指示与国民党当局谈判，同时坚持不能放弃枪杆子和自卫的原则，最后达成了停战和合作抗日的协定，充分表现了中国共产党及其领导下的人民军队以国家民族利益为重、摒弃前嫌、共赴国难的博大胸怀。南方红军游击队保存下来的近万人，在抗战期间改编为新四军，成为中国共产党领导的又一支重要武装力量。

油画《农民欢送新四军北上抗日》表现了南方红军游击队改编为新四军北上的场面。（邵宇、刘继卣作品）

油画《铁的新四军》表现了陈毅撰写《新四军军歌》时的情景，在“东进！东进！”的歌声中他激励着改编后的部队奔赴抗日前线。

经历了三年严酷游击战的考验，下山集结的红军队伍已成为千锤百炼的钢铁劲旅，且有着其他人所无可比拟的机动游击的特长。他们唱着雄壮的军歌——“八省健儿汇成一道抗日的铁流。东进！东进！我们是铁的新四军”，奔赴抗日战场，同经过长征后改编为八路军的北方红军相呼应，成为争取中国民族革命和民主革命最后胜利的重要力量。

三 长征路上的浴血激战

红军进行长征，是从南方向北方的战略转移，目的是把革命的大本营转移到新的地区。蒋介石自然不肯让自己精心策划的“围剿”就此流产，一直尽力围追堵截，企图消灭红军。红军所过之处，沿途的军阀也害怕共产党人进入自己的地盘而予以拦截，这就决定了红一、红二、红四方面军和红二十五军在征途中都得经历一系列残酷的战斗。

长征究竟经过了多少次战斗？过去有不同的说法，因各支部队大都分头作战，有时又协同作战。从总体情况看，各路红军在长征途中都经历过难以计数的血战，才杀出北上的通道。据最后统计，全部红军在长征中较大规模的战斗有600多次，其中师以上规模的战斗有120次。

西进先锋红六军团——以血战探路

中央红军长征前，中共临时中央在1934年5月就决定让湘赣地区的红六军团先行出发探路，先到达湘西同贺龙所率的红三军团会师，为中央打下落脚的基础。这支红军的出发，可以说是揭开了整个长征的序幕。

为了掩护主力西进，1934年7月红军派出红七军团，以“北上抗日先遣队”名义向东北方面出动。东进的红七军团后来进入方志敏领导的赣东北苏区，同当地红十军合编为红十军团，划归长征留下来的以项英为首的中央军区指挥，继续向皖南进军以吸引国民党军。这支部队在1935年初陷入十几倍

1935年，红六军团结束西征同红二军团会合后，萧克、夏曦、王震等主要领导在湖南新化县城留影。

于己的敌军的包围圈，大部损失，只剩下粟裕等人，他们率少数人冲出后进行游击战，可以说是以自己的牺牲牵制敌人掩护了主力转移。

作为中央红军主力出发打前站的部队，红六军团9000多人于1934年8月初从湘赣苏区出发，踏上了西进的征途。该部出发后一路向西，连续突破敌人几道封锁线，9月4日从界首顺利渡过湘江。此时，中央向红六军团发出补充训令，命令其向湘西北开进探路。按此命令，红六军团进入贵州，于10月24日与主动前来接应的红三军团在贵州印江的木黄地区会师。

从出征到黔东会师，红六军团经历80多天的突围转战，跨越敌占区5000多里，探明了沿途敌人兵力的虚实，查明了道路、民情，为中央红军提供了重要消息。这支部队在西征中受到几倍于己的湘军、桂军围追堵截，又处于无后方作战的境地，数次遇险，其中最惊险的当数甘溪遭遇战。

10月初，国民党军调集了湘、桂两省的主力部队共24个团的兵力，在石阡县西南的甘溪街设下包围阵。红六军团进入该地就遭遇战斗力较强的广西军阀的第十九师，经过激烈战斗后队伍被截为两段，只得利用当地山高林密的自然条件与强敌周旋。此时，流动作战于湘鄂黔边地区的贺龙、夏曦、关向应领导的红三军团因没有电台（两年前撤出洪湖时丢失），无法与中央联系，开始并不知道红六军团的动向。后来贺龙和关向应从一张白区报纸登载的“剿共”新闻中看到红六军团正在来黔东的消息，于是决定兵分两路深入黔东接应。

红六军团被打散后，参谋长李达率领两三百人在深山中转了数天，竟在沿河境内奇迹般地遇到了红三军团。不久，红六军团主力也靠着英勇顽强，反复周旋，断粮时在山中吃野果充饥，最后冲破敌军堵截，到达木黄实现了会师。此时红六军团只剩3300人，人员同出发时相比损失了将近2/3，会师时许多人连草鞋都已磨坏而赤着脚，贺龙让自己部队中的同志拿出鞋来给他们穿。

这次西征损失重大，主要教训是采取“大搬家”式的转移方法，无法实施机动作战，情报不准，遭敌包围截击。中革军委电令红六军团西征时，要求把一切东西都带走。结果部队出发时把老虎钳等修理工具以及笨重的电台发动机、石印机等统统都带上，行动不灵活，打仗顾虑又多。进入贵州后，因山高路窄，部队只得把笨重东西逐渐扔掉。红六军团曾把这一情况电告了中共临时中央，中共临时中央却并未吸取经验教训，长征开始时又犯了同样的错误。

两军在木黄会合后，贺龙领导的红三军团恢复了过去红二军团的番号，贺龙任军团长，任弼时任政治委员，总人数约4400人。红六军团由萧克任军团长，王震任政治委员。红二、红六军团会合后，由任弼时担任政治上的主要领导人，批判了夏曦搞自毁式大“肃反”的严重错误，重新建立了红二军团内的党组织。由于此时部队还没有可靠的根据地，总处在流动之中，因

这幅油画描绘了长征时指挥红二、红六军团的贺龙（左）和任弼时（右）的形象。（崔开玺作品）

此当务之急是在湘西站住脚，并配合中央红军长征。任弼时、贺龙等领导认为，两军团需要一起作战才能打开局面。

1934年11月以后，中央红军长征进入湘南，湘、桂两省国民党军大都东调参加“围剿”，留在湘西地区的敌军力量减弱。乘此机会，红二、红六军团向湘西地区发动攻势，连获胜利，还直逼湘西主要城市常德郊外，迫使湖南军阀抽调重兵救援。接着，红二、红六军团又在湘鄂川黔边区转战，建立政权，并在忠堡一战中取得了歼灭国民党军第四十一师并活捉中将师长张振汉的大捷。在一年内，这支部队由不足8000人发展到1.7万人，有力地策应中央红军的行动，并为下一步长征积蓄了力量。

彭德怀称长征初是“抬着棺材走路”——湘江战役

1934年10月，中央红军突围开始长征，一路都伴随着激战。11月初，蒋介石摸清了红军主力已离开中央苏区，并认定红军西征的目的是去湘西与红二、红六军团会师。广西军阀白崇禧此前也算定中央苏区在“围剿”下已难生存，红军若突围向东、向北，这些地方都有蒋介石重兵，南面不远又是大海，只有西征才有发展和回旋的余地。白崇禧还判断红军西征会选择在秋后，因为南方刚刚收获庄稼，一路上易于筹集粮食。

蒋介石、白崇禧等国民党新军阀对红军初期的行动方向判断基本准确，广东军阀陈济棠事先也猜到了突围在即，因此他们都做了相应的准备，并布置了封锁线。

国民党军第一道封锁线在赣粤边的信丰河，粤军陈济棠部是红军的对手，红军突围时要突破当地构筑的很多碉堡。尽管中共临时中央与粤军有借道协议，但因信息不畅，红军仍然遭到粤军抗击，损失了3700余人，第五师师长洪超牺牲，最后因粤军后撤让路红军才得以顺利通过。

接着，红军通过第二道封锁线和第三道封锁线，途中同湘军、国民党中央军的战斗不断，伤亡、掉队的人数不少，突破两道封锁线时分别减员9700余人和8600余人。如此算来，途中虽经动员兵员得到补充，红军到达湘江河畔第四道封锁线的时候却也只有6.5万人。

中共临时中央在突围转移时，只是想把根据地从江西搬到湘西，因此将印钞机、石印机、兵工厂的机械等“坛坛罐罐”都挑着走，甚至连医院中伤员的尿壶也带着。中央红军的主力红一、红三军团为左右前锋，红八、红

在当年红军渡过的湘江岸边修建的湘江战役红军烈士纪念碑。

九军团在两侧掩护，红五军团殿后，护卫着中央和军委机关纵队做甬道式行军，队伍浩浩荡荡。由于国民党军飞机白天不断轰炸，因此部队经常在夜间行军，又常走山路，行动迟缓，有时一夜只翻越一座山，怎么也摆脱不了围追之敌。

彭德怀看到过去擅长高度机动、善打能藏的红军精兵此刻被当作“轿夫”，只能挨打，愤怒地说：“这样抬着‘棺材’走路，哪像个打仗的样子，简直是把革命当儿戏！”他向中共临时中央建议，自己率红三军团向长沙进袭，调动敌主力回援，其他部队迅速轻装向湘西前进，避免在湘桂边界同战斗力较强的桂军作战。对这一建议，中共临时中央并未答复，还是按既定计划近乎直线西进。

1934年11月中旬，蒋介石看清红军前往湘西与红二、红六军团会合湘江是必经之地，于是命令中央军以8个师追击，并命令湘、桂两省军队在兴安与全县之间沿湘江设置了封锁线，企图在此全歼红军。

此时，中革军委通过无线电侦察知道了严峻敌情，仍于11月25日下达了抢渡湘江的命令，这样便将红军置于蒋、桂、湘等军队的联合夹击下。不过，起初红军并非无机可乘，如行动迅速仍然有可能利用蒋、桂的矛盾以较少的损失过湘江。

当时，桂军首领白崇禧通过飞机侦察发现，尾追于红军之后的国民党中央军从原来的两日行程突然扩大为七日以上，认定蒋介石是想让桂军与红军火拼以两败俱伤，然后中央军再乘机进入广西。白崇禧随即下令，让桂军主力西调阻止红军进广西，而在本省同湖南交界的湘江北面留出一个缺口，希望红军从那个缺口离开。此时红军先头部队已迅速渡过湘江，至11月27日晚控制了30公里长的湘江两岸，若是部队能在两三日内快速通过就可大大减少损失。

可惜的是，这时中央和军委纵队行军速度缓慢，4天才走了72公里，良机就这样白白丧失，湘、桂两军的主力都扑了上来。当时在红军部队中有这样一首形容各系军阀战斗力的歌谣："滇军黔军两只羊，湘军就是一头狼；广西猴子是桂军，猛如老虎凶如狼。"

此时的"湘狼"和"广西猴子"看到红军威胁到自己的地盘，暂时放弃了与中央军的矛盾，合力向红军发起进攻，再加上尾追上来的中央军，总兵力达15个师，约20万人。国民党军飞机每日扫射轰炸，地面攻击也很凶狠，缺乏机动能力的红军行动迟缓，马上陷入挨打的境地。

1934年11月28日开始，在蒋介石严令下，北面的湘军最先向守卫渡口的红军发起进攻。南面的桂军主力也返身杀回，向红军发起侧击，中央军则在后面猛攻。红一、红三军团为保卫湘江渡河点，在江边低矮的丘陵地带依托临时工事展开血战，在敌军猛烈的炮火和飞机轰炸下伤亡惨重。红九军团在北面配合红一军团作战，也损失过半。红五、红八军团进行殿后作战，处境最为不利，其中红五军团的第三十四师被切断，师长陈树湘重伤被俘后自己扯断肠子，英勇牺牲。红八军团系刚成立的部队，新兵占多数，不少人在激

1934年秋天，湘军集结起来准备拦截红军。

油画《湘江·1934年》表现了红军渡湘江的危险场面。（张庆涛作品）

战中被打散，最后只剩几百人。

在激战的危急时刻，在中革军委内实际负指挥之责的李德只知笨拙地实行甬道式掩护战。面对战场上的严重局面，中革军委虽然一再发出“十万火急”“万万火急”的文电，却不肯扔掉“坛坛罐罐”，这样既无法提高行军过江的速度，也拿不出行之有效的指挥方案，只能以内容空洞的训词鼓动部队死守硬拼。有赖于广大指战员的英勇，部队才免遭敌军拦腰截断。

经过5日5夜的血战，1934年12月1日傍晚，中共临时中央机关和红军主力部队终于拼死渡过了湘江，并于12月3日向西进入桂北越城岭山区。突破湘江封锁线后，中央红军只剩3.7万人。此次战斗之酷，牺牲之惨，可谓是中国土地革命战争中革命军队损失最大的一仗。

不过从战略上看，红军主力和中央机关还是从包围中冲了出来，还算突破了封锁线。蒋介石把湘江战役视作“党国命运在此一役”，最终消灭红军的战役目标却没有达到。红军折向湘桂边界的越城岭（老山界）山区后，国民党军在那个崎岖地段难以行动，只得在外围待机再围攻。湘江战役后，蒋介石曾将拦截不利的责任归咎于桂军，发电报指责白崇禧“违令开放通黔川要道，无异纵虎归山；数年努力，功败垂成”。白崇禧则反驳说自己仅有十八九个团，却能俘红军7000余（系白崇禧伪造的数字）人，而“钧座竭全国赋税资源，带甲百万，旷时数年，又曾歼敌几许？”这一反问，弄得蒋介石无话可说。

湘江一战血的教训，使红军广大指战员对“左”的错误路线的不满情绪达到了顶点。为人谦和者如周恩来，也拍桌子震翻了马灯，坚决反对顾问李德再来指挥红军。部队普遍希望改换领导，由毛泽东来指挥红军，这就为随后遵义会议的召开创造了条件。

险中求胜的“得意之笔”——四渡赤水

遵义会议后，中央红军随即进行了四渡赤水的运动战，毛泽东将此役称为自己军事指挥生涯中的“得意之笔”，这其实是一组环环相扣的战斗。从1935年1月中旬到4月初南渡乌江，红军在赤水河流域转战了三个月，走了110个城镇。由于敌军强大，整组战斗败中有胜，胜中有败，先败后胜，反败为胜，弱小的红军最后从险境中冲出转危为安。

1935年1月中旬，中共中央在遵义会议上确立了毛泽东的领导地位，标志着“左”倾教条主义在党中央的统治结束。会议根据黔北条件不利和国民党中央军和川、黔、滇各路大军逼近的情况，决定再次调整战略方针，让中央红军北渡长江与红四方面军会合，争取到川西地区创建根据地。

1935年1月20日，中央红军经12天休整后撤离遵义北上，准备渡过赤水河后从宜宾至泸州段北渡长江。1月27日，中央红军分三路向赤水河中游东岸的

油画《四渡赤水》。（申根源、梅肖青、孙向阳等人作品）

油画《突破乌江》表现了红军在夺取遵义前突破乌江防线的情景。（魏传义作品）

土城前进，川军先于红军进入赤水县城，阻止红军北上，后面尾追的敌军又紧逼上来。毛泽东主张在距土城西北五六里的青杠坡打一仗，消灭前来拦阻的川军一个师。

1月28日拂晓，毛泽东重新“出山”后的第一仗在土城一带打响。红三、红五军团先利用公路附近的小山头包围了敌军，前半段打得顺利，后来敌军增援部队又占领稍远的大山头，对红军进行了反包围，战况马上逆转。

红军原先认为川军战斗力很差，兵力也不多，交战后却发现敌军力量很强，冲上来的前锋还威胁到中央的指挥机关。此时经审问俘虏发现，敌军不是事先侦察得知的4个团6000多人，而是6个团1万多人，且为川军战斗力最强的郭勋祺指挥的“模范师”。这时歼灭战已打不成，若拼消耗，红军当时每个战士只有十几发子弹，难以持续作战，何况北、东、南三面的几路敌军又靠拢过来形成合围之势。

1月28日晚，政治局和军委召开紧急会议。根据无线电侦察获得的情报，知道西面还没有敌军，于是决定改变由赤水县城北上渡江的计划。1月29日凌晨，红军从猿猴场、土城两个地段的渡口西渡，然后毁掉浮桥，向川南的叙永方向前进，此为一渡赤水之战。

渡赤水河时因军情紧急，需要急速前进，部队奉命轻装上阵，从中央苏区历经险阻带来的最主要的重武器——4门山炮被沉到河底。当时红色炮兵对丢弃了使用三年视如珍宝的火炮依依不舍，不过为了灵活机动穿越山路远征，也只能忍痛割爱。

此时红军没有根据地，消耗和伤亡得不到及时补充，按照“没有取胜即是失败”的逻辑，土城之战先胜后败，伤亡或失散约4000人（掉队者多是还不适应长途行军的新兵）。毛泽东在随后的扎西会议上做了自我批评，分析土城之战失利的原因：一是敌情没摸准；二是轻敌，低估了刘湘“模范师”的战斗力，三是分散了兵力，不该让红一军团北上打赤水城。他还特别强调，要吸取这一仗的教训，今后力戒之！

2月上旬，中共中央在扎西召开政治局扩大会议。根据中央红军的东、北、西三面都有敌重兵集结的形势，毛泽东提议，利用敌人对红军要北渡长江的判断，同时利用国民党中央军与地方军阀的矛盾，出其不意挥师向东打击战斗力最薄弱的黔军王家烈部，以运动战主动消灭敌人。

2月20日前后，中央红军突然东返，由太平渡、二郎滩等地二渡赤水河，进入黔北。接着，红军再占黔北重镇桐梓后，于2月25日攻占遵义北面的门户娄山关。当时敌军凭借山险据守，冲锋号吹响后红军沿小路奋勇向险峻的山峰冲去，守敌惊呼“没见过这种不要命的打法”，在伤亡数百人后弃战而逃。接着，红军迅猛追击，击溃了遵义城外的黔军3个团，于2月28日重占遵义。

此时，国民党中央军吴奇伟纵队2个师从贵阳向遵义增援，进至城南。红军马上发起反击，将其主力大部歼灭。当红军追至乌江边时，已逃过江的吴

油画《娄山关》表现了在娄山关战斗后毛泽东、周恩来、朱德指挥部队再次向遵义前进的情景。（全山石作品）

油画描绘了娄山关战斗后的场景，毛泽东当时兴奋地写下了《忆秦娥·娄山关》。（沈尧伊作品）

奇伟在惊慌中下令砍断浮桥，留在江北的1800余人因无路可逃全部缴械当了俘虏。

娄山关遵义一仗，红军运动战的特长发挥得淋漓尽致，共歼灭和击溃敌军2个师又8个团，俘敌3000余人，缴获大批军用物资，部队弹药在出征后首次得到了有效补充，这是长征以来最大的一次胜利，全军士气大振。蒋介石对此也哀叹，这是“国军追击以来的奇耻大辱”。毛泽东在经过娄山关时，被山势的雄壮和红军将士的英勇感动，即兴赋词《忆秦娥·娄山关》，写下了长久流传的豪迈词句——“雄关漫道真如铁，而今迈步从头越”。

画家沈尧伊所绘的娄山关战斗场面。

看到红军重占遵义，蒋介石又调整部署，统一指挥中央军和黔、川、滇、桂各派军队共30余万人，准备形成新的包围圈，其中川军南下部队又逼近遵义。为摆脱敌人，红军在占领遵义11天后，于3月11日再次撤离该城西进，准备歼灭国民党中央军周浑元部，在黔西建立根据地。

3月15日，红军向驻守鲁班场的中央军周浑元部发起猛攻，想着将其歼灭便有可能在当地立住脚。敌军的战斗力却超出预想，又修有工事，红军苦战一天打成僵局。由于此战已形成无谓消耗，只能靠战场缴获补充军用的红军马上决定撤出战斗，并放弃在黔西建立根据地的计划，向西北方向前进，第三次渡赤水河。

3月16日，红军在茅台附近三渡赤水再入川南，并派出一个团向西北方向的长江南岸佯动。蒋介石根据飞机侦察，判断红军的行动是向北准备渡长江，下令中央军和川军各部向古蔺地区追击。

此时毛泽东的意图只是想调开敌军，三渡赤水只是虚晃一枪，红军迅速再次掉头向东，在敌军的间隙中穿过，于3月21日晚至22日晨四渡赤水，迅速向南渡过乌江，兵锋直指贵阳。蒋介石正在贵阳坐镇指挥，城内只有一个团，便急忙调滇军前来保驾，没想到红军又乘虚进军云南。滇军因主力已东调，省主席龙云只得令昆明周围各县的保安团集中保卫省城，滇北一片空虚。红军乘势迅速通过云南北部，进至金沙江，以7天时间靠几条小木船从容渡江。

经过四渡赤水，红军将疲惫不堪的国民党军几十万追兵全部甩在后面。有人形容此时的红军如神龙在天，见首而不见尾，把蒋介石和他的高级幕僚玩弄于股掌之间。毛泽东在军事指挥中根据敌情的变化灵活用兵，是避实击虚的典范。红军在敌重兵围堵中灵活机动、穿插自如，这与长征初期不顾敌情一味死打硬拼形成了鲜明的对比。

中央红军在四渡赤水的千里转战中，有出色的无线电侦察作为保障，为避开敌军主力经常走弯路，还几度反复转向。一些对此不理解的指挥员抱怨尽走“弓背路”，使部队很疲劳，并出现掉队减员的情况。事后他们认识到，只有靠毛泽东指挥，实行这种机动穿插，才能摆脱长征中最险恶的环境，从几十万敌军的围追堵截中冲出。

红军英勇精神之典范——强渡大渡河

1935年4月，红军渡过金沙江，围攻会理未克，便继续北上准备同红四方

油画《渡过金沙江》。（张漾兮、庄子曼作品）

面军在川西会合。此时蒋介石亲自坐镇昆明，一面令薛岳率中央军两个纵队渡金沙江紧追，一面严令大渡河的川军加紧布防，同时大肆叫嚷：“要让朱毛红军成为石达开第二！”

汹涌的大渡河畔，曾是清末太平天国著名的翼王石达开全军覆没之处。这里有河流险阻，南面又有汉族军队过去都难以通过的彝民区，成为中央红军面临的又一个险境。

红军向大渡河前进时，红军总参谋长刘伯承主持了“彝海结盟”，即同彝族首领小叶丹在海子边结盟成兄弟，比预计的时间提前三天通过彝民区。接着，红军派左权率部分兵力在大树堡佯攻，制造红军由此强渡攻打富林、雅安、成都的假象，实际上以前锋夺取安顺场，准备从这里渡过大渡河。

5月24日，担任先遣队的红一军团的第一师第一团经过急行军80余公里，首先赶到安顺场右岸。此时船只大部分已被敌掠往对岸，红军只夺到一只小船，一营营长孙继先率17名勇士组成了渡河奋勇队。

5月25日上午，强渡的冲锋号吹响，红军集中了3挺重机枪，连同轻机枪和步枪一齐向对岸敌人进行压制射击。第一批勇士9名每人带着一支驳壳枪、一支冲锋枪、一把马刀和8颗手榴弹，冒着密集的火力奋勇向前。9名勇士上岸后，小船立即返回运渡第二批勇士9名，他们也迅速登岸。

油画《指挥抢渡大渡河》表现了刘伯承、聂荣臻询问当地民众关于大渡河的情况。（何孔德作品）

在大渡河左岸火力掩护下，特别是有“神炮手”之称的赵章成用迫击炮的3发炮弹打掉了敌方碉堡，孙继先率17名勇士奇迹般地击溃了安顺场对岸的川军一个营。红军就此控制了渡口，并且又缴获了3只小船，天险大渡河终于被打开了一个缺口。

安顺场强渡成功后，在河岸亲自指挥的刘伯承高兴之余又添新愁。经测量，这里水流太急无法架桥，靠缴到的4只渡船即使昼夜摆渡，全军2万多人过河也需要一个月时间。此刻国民党中央军薛岳部追兵正向大渡河疾进，只有几天的路程，堵截的川军主力也将陆续赶来，红军必须另找过河之路。

安顺场的红军强渡大渡河纪念馆前的红军雕像。

过去大渡河两岸往来的主要通道，是距离安顺场北面约160公里的泸定桥，中央红军把大部队过河的希望寄托于夺取这座铁索悬桥。为尽快达到既定目标，军委确定兵分两路，沿河两岸分两路直取泸定桥：红一师及军委干部团继续在安顺场渡河，然后沿河东

画家沈尧伊所绘的安顺场强渡大渡河的17名勇士的形象。

岸北进攻泸定城；沿河西岸以红四团为先锋，主力红军紧随其后，争取通过泸定桥渡河。

此时，国民党川军两个旅已前往增援泸定城，双方都在抢时间。

5月27日凌晨，担任西路夺桥先锋的红四团从安顺场附近出发，沿西岸崎岖不平的羊肠小道疾走，沿途还打了两仗。杨成武政委在湘江战役中身负重伤，右腿被子弹打穿，此时只能拄着棍子行军。

他们距离泸定桥有160公里，出发时的要求是三天赶到。部队第一天走了40公里后，5月28日凌晨军委又命令必须在一天一夜内到达，原因是对岸的国民党军也在增援泸定桥，必须赶在他们之前。

在崎岖的山路上要以这样的速度全副武装行军到达，真是达到了人的生理极限。部队在行军中根本就没有休息时间，干粮也是边走边吃，当时人称“要桥不要命”。

红四团沿大渡河向北行军时，在黑暗中发现对面的国民党军也在隔河行军，不过他们误以为这边是自己人，还用号声联络。途中忽降大雨，对岸与红军隔河而行同奔泸定的国民党军忍受不了雨夜行军之苦，很快停下来宿营避雨，红四团则乘机加快行军速度，两支军队的素质在关键时刻就定下了胜负。

这样，红四团一天一夜走了120公里，于5月29日晨6时先于对岸援敌赶到泸定桥西边。如此惊人的行军速度，没有钢铁般的意志是无法实现的。

部队到达泸定桥的西桥头后，红四团的团长王开湘、政委杨成武不顾疲劳，马上观察研究对岸敌情。他们看到铁索桥高悬于10丈（1丈≈3.33米）高空，桥板大部分被抽走，桥上只有13根碗口粗的铁索微微起伏。桥下是汹涌咆哮的河水，对岸就是泸定城，敌川军第四旅第三十八团在桥头已筑好了工事，红军想夺桥就必须冒着枪林弹雨从光溜溜的铁索上攀过。

红四团领导将夺桥的时间定在下午4时，为迎接大战，全团就地休息了几小时，并饱餐一顿。红四团领导决定，由2连选出22名共产党员和积极分子组成的突击队，在前面攀铁索前进，后面一个连一边铺木板一边跟进。

下午4时整，攻击泸定桥开始，全团司号员一起吹响军号，22名共产党员和积极分子组成的突击队扶着桥栏，踩着铁索，冒着弹雨向对岸爬去。全团也集中起各种轻重火器，一起向对岸泼出密集的弹雨，压得对岸桥头之敌在阵地里抬不起头来。

就在这时，泸定城南边也响起了密集的枪声，从安顺场过河的红一师的第三团已赶到并发起攻击。遭到两面夹击的国民党川军惊恐万状，在泸定桥头放起一把火想拦阻红军。此刻攀桥的勇士们在桥头燃起的大火边停顿了片刻，就听到桥西的杨成武政委和其他政工人员大喊鼓舞冲锋，便又奋勇向前冲去。有3人在中途倒下，其他冲过桥的勇士虽有不少人身上着了火，但仍挥舞大刀迅猛杀去，守桥之敌落荒而逃。

两路红军夹河而上，控制了泸定桥。此役创造了两项战争史上的纪录——徒步行军速度纪录和匍匐爬过百米长铁索战斗的纪录，这样的速度和意志力考验了人类体能的极限。“安顺孤舟”和“飞夺泸定”这两项英勇的壮举，也将永远铭刻在中国革命战争史册上。无论是安顺场渡口一叶孤舟上的18位勇士（包括营长孙继先和他指挥的17名勇士），还是泸定桥13根光溜

表现红军强夺泸定铁索桥的油画。

溜铁索上的22位英雄，其个人战斗素质和勇猛精神在当时都被提到了与整个中央红军生死存亡相关的高度。

从5月29日晚至6月2日，中央红军2万人由泸定桥渡过了大渡河，断后的红九军团炸断了铁索，把从中央苏区长途尾追而来的中央军薛岳部堵在对岸，迫其绕很远的路入川，从此摆脱了追兵。

抢占安顺场，飞夺泸定桥，是长征途中最惊心动魄的两步险棋，最终能够成功首先应归功于红军将士超人的意志和胆魄。此外，夺取安顺场后，毛泽东和中革军委及时决定转兵夺占泸定桥，并部署两支部队夹河而上，相互配合，更显现出战略指导的英明与果断。在抢渡和夺桥的战斗中红军都战胜了国民党军，“大渡桥横铁索寒”的光辉战斗业绩也成为中国共产党领导的革命军队英勇精神的典范。

打开北上道路——包座破围

1935年6月12日，中央红军（红一方面军）翻过雪山后，先锋部队同红四方面军在川西的懋功会师。虽然中共中央强调要搞好会师后两大主力的团结，不过在张国焘的错误思想鼓动下，红一方面军、红四方面军的关系也出现一些不和谐之处。张国焘为保存实力总是消极避战，徐向前等人领导的包座战役还是显示了红四方面军的战斗力，同时体现了红军内部讲团结、顾全大局的风格。

1935年8月20日，红军右路军进入茫茫草地，经过七天六夜的艰苦跋涉，终于走出草地，到达班佑、巴西地区，下一步要进军甘南必经之地包座。此时国民党中央军最精锐的第一军胡宗南部已经进驻松潘，松甘古道成为其运输粮食的主要通道，他们还在包座等地设立了兵站。

胡宗南发现红军已通过草地后，派第四十九师星夜赶往包座，拦截红军进入甘南。此时中央红军彭德怀所率第三军（原红三军团）殿后尚未通过草地，担任开路任务的红一军（原红一军团）在征途中减员太多且相当疲惫，红四方面军总指挥徐向前同政委陈昌浩研究后，赶到毛泽东住所，主动提出攻打包座的任务由红四方面军部队承担，红三十军为主攻部队，红四军一部配合，红一军为预备队。

毛泽东对这一提议表示赞许，徐向前返回后即做部署，以抢在胡宗南增援部队赶来前攻占包座。当时据守包座的胡宗南第四十九师约有1.2万人，其

西方人所画的20世纪30年代的国民党中央军的形象。胡宗南部是当时中央军最精锐的部队。

中很多士兵在原来的十九路军中曾与日本军队作战。担负主攻任务的红四方面军第三十军不过1.3万人，装备远不如敌军，指战员又刚走出草地，因途中忍饥挨饿体力严重下降，要完成歼敌任务相当困难。

为了有效了解敌军部署，徐向前亲自率几个警卫员进至距敌只有几百米处观察，被敌发现引来枪炮射击。徐向前乘敌射击之机，将各处碉堡的位置标在地图上。

8月29日黄昏，“围点”的红三十军“夜老虎”团发挥长期养成的夜战特长，向包座大戒寺之敌发起攻击。经一夜激战红军扫清外围据点，并攻占大戒寺。残敌败逃时放火焚烧了辎重，退入大戒寺后山碉堡负隅顽抗。战斗时红军战士们冲进火海，纷纷抓起烧焦的粮食塞进口中狼吞虎咽，可见部队是在忍饥同敌激战。

“打援”的红三十军主力，按计划埋伏在敌人援兵必经的上包座西北的丛林中，静候鱼儿上钩。根据俘虏的口供，敌人的增援部队预定8月30日下午到达，不过一直等到31日中午才见到敌人的踪影。

国民党军增援部队也担心被红军伏击，派出部分兵力搜索前进。为了麻痹敌人，红军出动少许诱敌部队突然出现在敌军正面，在一些小的次要的山头进行阻击。敌军以为红军的伏兵不过如此，遂大胆攻击前进。

红军诱敌部队且战且退，于8月31日下午3点左右将敌军主力全部引入预设口袋，红军主力以居高临下之势马上发起总攻。红八十八师如钢刀般插入敌阵，将敌军分割成三块，首尾不能相顾。在枪弹严重不足的情况下，红军战士近战接敌，主要以手榴弹、大刀片拼杀，一小时后便将敌先头部队歼灭。

这支国民党军部队毕竟是蒋介石的嫡系部队，还有些战斗力，被打败的部队仍能利用茂密的森林和一些低矮的山包顽抗，双方形成拉锯战之势。在战斗最紧张的时刻，红三十军所有的预备队都投入了战斗，宣传队、炊事员都提枪参战。经七八个小时的激烈战斗，敌军增援部队大部被歼，师长伍

油画《延安的阳光》表现了毛泽东同脱险归来的红四方面军总指挥徐向前在一起。毛泽东对徐向前的高超指挥艺术一直给予高度评价。（李如作品）

诚仁重伤被俘后跳河自尽。事后有人开玩笑说，敌师长伍诚仁的名字起得不好，与“吾成仁”同音，不败才怪。

红三十军主攻时，红四方面军也在军长许世友指挥下向驻守在求吉寺的敌军发起攻击，最终将其全部消灭。

这场包座战役，从8月29—31日打了三个昼夜。在双方兵力大致相当、红军武器装备远不如敌人的情况下，能取得重大胜利，体现了徐向前等红四方面军将领高超的军事指挥艺术。

难能可贵的是，包座大捷是红一、红四方面军会师后第一次大战。红四方面军指战员体谅红一方面军减员多、体力弱等困难，主动请缨作战，表现了崇高的革命风格。包座大捷又是红一、红四方面军会师后的第一个大胜仗。毙伤俘敌军5000余人，缴获牦牛及骡马共七八百头，长短枪1500余支，轻重机枪78挺，电台1部，还有大批粮食和其他军用物资，这些正是刚过草地的红军所急需的。

通过此役，红军的兵员也得到了补充，因为有近70%的俘虏经过政治教育之后加入了红军队伍。

包座大捷粉碎了蒋介石围困聚歼红军的新战略，为红军北上开辟了道路，对于红军的生存及北上都特别重要，为实现党中央的北上战略方针创造了十分有利的条件。战斗结束后，徐向前等人赶去向毛泽东汇报了战况，并送上一些战利品。毛泽东高兴地表扬说：“红四方面军的干部、战士英勇善战，打得好！”

可惜的是，由于张国焘反对党中央北上的方针，包座战役后出现了两大主力分道扬镳的情况，中央红军继续北上，原来跟中央一起行动的徐向前、李先念、许世友等人率红四方面军部队随陈昌浩南下，二过草地同张国焘会合，只有中央纵队率红一、红三军北上。

红四方面军部队在过草地后虽在张国焘影响下走了一段弯路，不过包座战役的实践证明，他们是一支思想过硬、战斗过硬、作风过硬的队伍，后来在中共中央的领导下取得更大的战绩。

油画《红星照耀中国》（局部）表现了红军长征南下时红四方面军领导人形象。里面有朱德、徐向前、张琴秋、刘伯承、王树声、张国焘。（沈嘉蔚作品）

红四方面军总指挥徐向前的塑像，他成功指挥了包座战役，为红军打开了北上通道。

红四方面军南下恶战——百丈关失利

1935年9月，红一方面军、红四方面军在过草地后分手，10月中旬毛泽东指挥北上的陕甘支队到达陕甘苏区吴起镇，胜利结束了长征。此时南下的红四方面军在四川西部也发起了天（全）芦（山）名（山）雅（安）邛（崃）大（邑）战役，最后在百丈关失利，赤化四川的目标没能实现而被迫西进藏族聚集的康区。

张国焘分裂红军后，南下的部队由红四方面军全部（第四、第九、第三十、第三十一、第三十三等五个军）和红一方面军的第五、第三十二军（原红九军团）组成，兵力达8万人。他们再过草地，在川西高山峡谷间向南穿行，想在当地建立根据地。

英勇的红军部队虽然两过草地，体力疲惫，时至深秋还穿着夏装和草鞋，但战斗热情却不减，南下初期作战也获得一些胜利。不过部队占领的地区人口很少、物产贫乏，当地有些少数民族出于传统隔阂也难于发动，红军想进行根据地建设需要另找地区。11月13日，南下红军一举攻占名山县城和百丈镇，逼近川西平原的门户——百丈关。此时张国焘设想突破此地，进入相对比较富庶的川中，当时的一个动员口号就是："不在这里吃苞谷，要打到成都平原吃大米！"

要打入成都平原，就要突破位于名山至邛崃间的百丈关，这一关口是雅安通向成都的必经之地。红军进至此地，已经到了川西高原的山险隘口，逼近富饶的川西平原。此前对追击红军比较消极的四川军阀见其根本利益受到威胁，立即集中80个团近20万人实施反扑，红四方面军在仓促间与敌展开了一场决战。

11月19日，国民党川军十几个旅从东、北、南三个方向，向红军发起进攻，揭开了百丈关决战的帷幕。此时的川军刚刚经过国民党中央派员整编，充实了建制，补充了武器弹药，战斗力有很大提高。红四方面军过去长期同川军作战，印象中的国民党川军部队常常是一触即溃、望风而逃，这时却感到对手成了难啃的"硬骨头"。当时红军指战员连续作战，非常疲惫，仍与优势之敌殊死搏斗，百丈关之战进行得十分惨烈。

红四方面军总指挥徐向前在回忆录中写道："百丈附近的水沟、山丘、深沟，都成了敌我相搏的战场，杀声震野，尸骨错列，血流满地。指战员子弹打光，就同敌人反复白刃格斗；身负重伤，仍坚持战斗，拉响手榴弹，与冲上来的敌人同归于尽。百丈关战役，是一场空前剧烈的恶战。”

由于地形所限，双方兵力展不开，只能采取密集队形交战，敌人猛烈的炮火和轮番飞机轰炸给红军造成不小伤亡。尽管战前随红四方面军行动的朱德总司令根据中央苏区反“围剿”经验，提醒部队要注意防空，但由于缺乏防空武器，收效甚微。如红军在天全突破川军防线，正欲乘胜追击时，即遭敌机密集轰炸，攻势被迫停下。

战至11月21日，红军已经筋疲力尽，川军却利用熟悉地形、运输方便的优势进行反攻，已跟随中央红军入川的国民党中央军薛岳部也乘机从南部投入战场。红军遭敌重兵压迫、堡垒封锁，南下和东出都已经不太可能。面对不利形势，红四方面军总指挥部决定全军后撤。

百丈关战役是长征史上的一场大规模战役，经过7天7夜苦战，红军毙伤敌1.5万人，自身伤亡亦近万人。由于未达成歼灭战，缴获少而损耗大，这对主要靠战场缴获来补充武器的红军十分不利。此役的失利，也成为南下的红四方面军由进攻转为防御的转折点。

红军百丈关决战失利，主要原因是战略发展方向的错误，此役再一次用血的代价证明了战略和路线的重要性。南下战略和方向是错误的，纵然在局部曾取得若干胜利，仍难挽救整体上的颓势。富庶的川西平原是四川军阀的命脉，红军向此前进会威胁其老巢，过去派系众多且互不协同的川军各部便破天荒地抱成一团。四川最大的军阀刘湘将战斗力最强的郭勋祺师（“模范师”）和范绍增师调到前线，亲自督战与红军硬拼，蒋介石也把中央军薛岳部和部分空军调来助战。红军事先对这一敌情估计不足，决策失误，再加上当地群众尚未发动起来，无后方作战，在硬打硬拼的战役中就难免失利。

百丈关战役中红军损失的兵力仅次于中央红军长征初期的湘江战役。湘江战役使中央红军指战员对李德、博古军事指挥的不满达到了顶峰，以至有了遵义会议更换领导人之举。红四方面军在百丈关一战的失利，也说明了南下路线的错误，自然也会使指战员想到领导者张国焘的责任。

百丈关战役后，红四方面军确定以巩固天全、芦山、宝兴、丹巴地区为中心任务，试图在当地建立根据地。随后川军主力和中央军薛岳部、周浑元部等部从几个方向步步压来，虽然红军指战员顽强抵御，但防线仍不断被突破。当地又为汉藏杂居区，严冬到来后部队棉衣和粮食供应困难，还难以大量补充兵员。1936年2月，红四方面军被迫在严寒的冬季翻越大雪山西行，向甘孜方向的康区转移，途中受冻牺牲者众多。

至此，红四方面军经近半年南下作战，部队由8万人锐减到4万余人，根据地也未能建立起来，这一无情事实证明了张国焘南下路线的彻底失败，广大指战员认识到跟随党中央北上才是出路，从而促使红二方面军、红四方面军联合北上陕甘地区。

中央奠基陕北之战——直罗镇大捷

1935年10月19日，由中央红军改编的陕甘支队到达陕甘苏区的吴起镇，经二万五千里长征消耗只剩下6000余人。此时中共中央决定将陕北作为中国革命的大本营，蒋介石却在西安成立了西北“剿共”总司令部，自己任总司令，统辖陕甘宁青四地国民党军对陕甘根据地的第三次“围剿”，实际指挥由担任副总司令的东北军首领张学良具体负责。

中共中央为了在西北根据地落脚，在中央红军到达后就给陕甘苏区带来了两份“大礼”。一份是对内平冤狱，纠正了错误的“肃反”，11月5日便释放了被错误关押的陕北红军和根据地创始人刘志丹、高岗、习仲勋、马文瑞等人；另一份就是对外取得胜利，打破了蒋介石的军事“围剿”，为保卫和扩大陕甘苏区奠定了一个牢固的基石。

1935年11月3日，中央政治局在陕甘边苏维埃政府所在地——甘泉县的下寺湾召开会议，确定了西北苏区发展总方针，首先要向南作战和打破国民党对陕甘根据地的“围剿”。会议决定恢复红一方面军番号，由彭德怀任司令员，将原来的红一军团、红三军团合并为林彪、聂荣臻指挥的红一军团，同时编入徐海东、程子华指挥的红十五军团，将来自中央苏区、鄂豫皖苏区和陕甘苏区的红军统一编制，便于集中指挥。

下寺湾会议之后，中央领导分成两路：一路由毛泽东、周恩来、彭德怀率领红军主力前往南线准备作战；另一路由张闻天等人率领中央机关北上瓦窑堡。

11月5日，红一军团在鼻子湾与红十五军团会合，整编之后共同开赴富县东村，做好伏击来犯之敌的准备。陕甘根据地群众踊跃支前，给长征后缺衣少食的红一军团送来了生活物资，红十五军团也给红一军团提供了银圆和部分武器弹药，全军士气高昂做好了迎敌准备。此时的红军与长征时有一个根本区别，就是有后方依托。伤员有根据地群众来抬，送后方医院，并能及时得到各方面的支援。国民党军深入苏区，反而陷入了孤立境地。

油画《六言诗·给彭德怀同志》表现了“彭大将军”到达陕北后指挥作战的情景。（张庆涛作品）

此时，担任国民党西北“剿共”副总司令的是张学良，主力是刚从鄂豫皖方向调来的东北军。“九一八”事变之后，东北军由关外撤进关内，不能打回老家，而是被蒋介石驱使充当了内战炮灰。张学良等东北军高级将领虽然对蒋介石想让他们同红军“两败俱伤”的计谋有所察觉，不过上命难违，何况其军火军饷需要国民政府供给；另外东北军毕竟有着旧军阀的本性，不经过惩戒也难改敌视和轻视红军的态度。

东北军根据蒋介石的“剿共”命令，在10月末就做了部署，准备以5个师3万余人的兵力东西对进，围歼红军于葫芦河、洛河之间的地区。当时整编之后的红军主力只有1.1万余人（此外还有地方红军几千人），能否粉碎这次“围剿”关系到党中央和红军能否在陕北立足，也关系到东北军、西北军的政治态度。

在当时民族矛盾上升之际，中共中央早有与东北军联合抗日之心，然而若不显示一下实力，不给仍在坚持“剿共”的东北军一个深刻教训，就没有资本与其谈判。同时红军需要的武器弹药，也要通过歼敌来缴获。深知此点的毛泽东在直罗镇战役开始之前，就在作战命令中叮嘱参战的指挥员：“我们要的是歼灭战，不是击溃战！”

毛泽东、彭德怀等人经过认真分析后决定，集中兵力，首先在直罗镇一带歼灭由葫芦河东进之敌一两个师，总的作战意图是将敌人放进直罗镇再打。为了攻歼时减少伤亡，节省弹药，徐海东等人命令部队在撤出直罗镇时将镇内的坚固墙垣大部拆毁。

11月20日下午，西路敌先头部队第一〇九师在6架飞机掩护下，孤军深入，分三路沿葫芦河进入直罗镇。当天晚间，红军主力突然将直罗镇包围，21日拂晓分别由南北方向对敌发起猛攻。

听到直罗镇周围枪炮声大作，镇内敌军方从睡梦中惊醒，立即组织突围，却在红军严密包围下冲不出去。在军事打击的同时，红军又开展政治攻势，针对东北军对蒋介石的内战政策的不满，喊话他们不要为国民党打内战卖命。

东北军此前被蒋介石派到鄂豫皖“剿共”两年，许多士兵和军官都曾做过红军的俘虏，知道红军的优待政策，同时被战场喊话打动了内心，交战后军心士气很快瓦解。战至中午，被围的东北军大部投降，只有师长牛元峰带领500余人逃入镇东南高地一个小寨内固守待援。

11月22日上午，东北军董英斌部的第一〇六师最先出发增援，还没有到达直罗镇便被红军击溃，并被乘胜追击的红军在黑水寺地区歼灭了一个团。牛元峰见援兵无望，于23日午夜分路突围，红十五军团发现后立即跟踪追击，于当天上午将残敌歼灭在直罗镇西南的一座山上。

东北军其余三个师见到牛元峰师覆没，也马上停止进攻，退回原防地，陕甘苏区从此有了一个相对安定的局面。

直罗镇战役的意义，在于彻底粉碎了敌人对陕甘根据地的第三次“围剿”。长征到达此地的红军与陕甘红军联袂作战，共歼敌1个师又1个团，俘敌5300余人，缴枪3500余支，使部队得到了装备补充。随后，毛泽东高度评价了直罗镇战役的胜利，称赞它“为红军在西北建立广大的根据地举行了奠基礼”。

东北军的惨败，令张学良大感震惊。他后来回忆说，他是带过兵的人，知道长途跋涉后的部队是什么样子。红军经过万里长征，还有这么强的战斗力，可见这支军队不得了。尤其是东北军在“剿共”中损失3个师后，蒋介石还趁机撤销这些部队番号以减少供给，这令他非常失望，认为跟红军作战没有出路。

红军为了团结东北军一致抗日，在战后释放了俘虏。不久，东北军与红

油画《直罗镇》描绘了中央红军正在进行直罗镇这场奠基之仗。（沈尧伊作品）

军秘密停战，逐渐接受了联合抗日的主张。从后来的历史进程看，直到直罗镇战役的胜利，中共中央才真正在陕北站稳了脚跟。

三大主力长征结束时告捷——山城堡“最后一战”

1936年10月红军三大主力会师，随即在甘肃环县的山城堡地区痛击国民党军胡宗南部，进行了山城堡战斗，聂荣臻元帅在回忆录中曾称其为“长征的最后一战”。

红军三大主力会师后，中共中央决定向北打通苏联、外蒙古以取得援助，于10月发起宁夏战役。当时红军北攻宁夏分成黄河东西两路，其中红四方面军的第三十军以及第五军、第九军西渡黄河（这3个军后来组成西路军）。由于蒋介石调集其精锐的第一军胡宗南部和另外2个军一起以优势兵力向红军扑来，尚未渡河的红军主力被迫向海原、打拉池地区转移，黄河两岸的红军就此被隔开。

此时黄河以东的胡宗南部等敌军兵力超过10万人，且装备精良，想趁红

在甘肃环县旧战地建立的山城堡战役纪念碑。

军长征后疲惫进行决战，一时来势汹汹。在这种形势下，刚成立的以毛泽东为首的中革军委主席团决定采取逐次转移、诱敌深入、在预定有利地区集中兵力歼敌的方针，主要打击蒋介石的嫡系胡宗南部，对不愿打内战的东北军部队则积极开展统一战线工作。周恩来直接在前线统筹作战，彭德怀担任了前线总指挥。

红军的逐步退却，给国民党军造成了错觉，胡宗南部第一军孤军深入，分三路向豫旺城进攻。中革军委指示，红军主力“应即在豫旺城以东，向山城堡迅速靠近，集结全力，准备打第一仗”。此时红军三个方面军密切配合，集中力量打击胡宗南部的主力，并把战场选在山城堡。

山城堡地区土寨很多，地形复杂，便于红军隐蔽接敌，是个比较好的战场。只是此地人烟稀少，粮食和水源均缺，又给数万红军的作战带来较大困难。11月20日，胡宗南部右路第七十八师进占山城堡。红军前线指挥部迅速做出部署：第一军、第十五军团主力以及第四军、第三十一军（属红四方面军部队）在山城堡之东、南、北地区隐蔽待机出击，红二方面军和红十五军团一部钳制其他各路敌人。

11月21日，国民党军第七十八师由山城堡继续向东攻击，埋伏在山城堡周围的红军主力突然向敌发起猛烈进攻，并截断其西撤退路。敌第七十八师退到山城堡镇内凭借围寨顽抗，想等待援兵，其官兵却因喝不上水而士气沮丧。红军为减少伤亡，决定发挥夜战特长，在黑暗中发起总攻，一举突破山寨，随即展开肉搏战。

据参战的红一军团的第十三团政委魏洪亮回忆，由于晚上无月光，伸手不见五指，战士们完全凭勇敢精神和夜战经验与敌肉搏。当时红军战士每人都有一把马刀，冲进山寨后一只手提刀一只手向前摸。在黑暗里，红军战士只要摸到对方帽子上有个“圆巴巴”（敌人帽徽），顺手就是一刀！

国民党军第七十八师是蒋介石的嫡系胡宗南部的主力，全副德械装备，虽然白天战斗力较强，夜战却不是红军的对手，很快被红军冲垮，不少敌兵盲目乱逃，天亮后，逃出的许多敌兵一看前后全是红军，就把枪一丢坐下去，束手就擒。当时红军发现所有的俘虏兵都脸色发白，嘴唇出血，原来除了惊吓以外，他们已经两天多没喝一滴水，体力都难以支撑。由此可见当地干旱缺水的环境对双方都有严重影响，只是经过万里长征的红军在吃苦耐劳方面远远强于敌军，因此红军能猛打猛冲，国民党军则斗志瓦解。

山城堡一战至11月22日上午结束，国民党军第七十八师的1个旅2个团被红军歼灭。经此严重打击，胡宗南部的主力向西撤退，整个进攻被粉碎，被

1936年10月，红军三大主力会师。随后各路红军在统一指挥下进行山城堡战斗。

迫跟随其前进的东北军骑兵军也迅速撤退。

山城堡战斗是红军三大主力会合后的第一仗，尽管红二方面军、红四方面军刚刚经过长征，部队相当疲劳，装备又低劣，但仍以高昂的士气压倒敌人，特别是三个方面军的部队首次在统一指挥下作战，相互配合，密切协同，这是赢得战斗胜利的重要原因。

山城堡一战的胜利，促进了国内和平和抗日民族统一战线的形成。战前毛泽东就在一封电报中强调："坚决打击蒋胡军主力，歼其一部或全部，以达到分化孤立敌人的目的，以利抗日民族统一战线的形成。"当时，各路敌人之间矛盾重重，胡宗南部自恃是蒋介石的嫡系，骄横嚣张，张学良的东北军和杨虎城的西北军却深受蒋介石排斥，不愿打内战。山城堡一战红军获胜，更证明了蒋介石打内战没有出路，这促使张学良、杨虎城下决心"逼蒋抗日"。此战结束20天后，张学良、杨虎城于12月12日发动了"西安事变"。聂荣臻元帅因此总结称："山城堡战斗是长征的最后一战，也是第二次国内革命战争的最后一战。此战对国内和平和抗日战争的实现，起了重要的促成作用。"

红军在万里长征中进行了难以数计的战斗，以上所述的战斗只是具有代表性的范例。长征不仅是艰难行军，更是英勇战斗，正是征途中一次次血战，才保证了红军三个方面军和红二十五军最后都能到达陕甘宁地区。

四 红军长征中的衣、食、住、行及武器

岁月如梭，往事如歌。当年中国工农红军进行长征的艰苦事迹，长期被国内外进步人士视为史诗般的壮举。红军的长征精神，几十年间在传统教育中一直是艰苦卓绝的代名词。不过现代史学不仅要求定性分析，还需要详细的定量分析，这样才能全面勾画历史事件的原貌。古兵法称“军无辎重则亡”，任何部队都需要最基本的物质保障才能生存。尤其是红军长征时脱离了原有根据地，转战在敌占区、少数民族区域或无人区，衣、食、住、行都遇到常人难以想象的困难。周恩来在陕北同来访的美国记者斯诺的谈话中曾说，交战造成的损失，比疲劳、疾病和饥饿等原因造成的损失要少。此外，红军在长征中武器又很缺乏，途中弹药来源主要靠缴获，作战何其不易！如今的人们想了解长征的艰苦卓绝，不能仅知道一些抽象的概念，而要具体了解当时生存和战斗的种种具体困难。

衣——历尽风雨尽褴褛

各路主力红军长征出发前，大都能由苏区政府保障军服供应，军服样式都是仿苏联红军的八角帽、列宁装，缀红色帽徽和领章。不过农村根据地多靠民众手工制衣，样式、颜色不完全规范。中央红军（红一方面军）从苏区突围前，每人发放了一套新军装，经过近三个月转战多已磨损。占领遵义后，中央红军休整近半个月，被服厂日夜开工，为每人补充了一两套新军

红六军团军团长萧克（左）同总参谋长刘伯承（中）、红四方面军军长陈再道（右）。

装。此后因部队持续行军九个月，无法统一补充服装，到达陕北时多数已衣衫褴褛，一些当事者回忆说他们如同“叫花子军队”。

红二、红四方面军长征出发时，穿着的是从原来根据地带来的军装。这两支部队在征途中休整停顿的次数较多，各部队便由指战员自己动手缝制衣服以补充服装。由于西南地区难以找到灰布，红二、红六军团的军服多以当地的黑布制作，以至于三大主力会师时找红二方面军的人就以黑色军装辨认。红四方面军进入荒凉的川康边一年多，布匹难得，部队主要用羊毛和牦牛皮自制服装，制式规格显得杂乱。红军三大主力会师时，各部队服装颜色各异，绝大多数人却仍戴着一顶象征世界革命的“五大洲”红五星军帽，显示对革命的忠诚。

中共中央在创建红军时，曾要求各根据地的部队都要模仿苏联红军的服装，戴八角军帽，不过有些时候因时间紧迫不能如愿。如中央红军长征途中在遵义紧急制作军衣，为简化工艺军帽只做成圆形，没有八个角。红一方面军、红四方面军会师时，双方的帽子形式便不大一样，红四方面军指战员戴的八角帽比较大，被戏称为“大头红军”，红一方面军指战员的圆形军帽较小，被称为“小头红军”。

缺乏御寒的衣服，是长征中的一大困难。红军长征期间经历了春夏秋冬的不同季节，经过终年积雪的横断山脉和气候变化无常的草地时，部队衣物保障最为困难。1935年6月中央红军过雪山前，在荒凉的地区根本找不到能够供近2万人御寒的棉衣，只好找来少量白酒和大量辣椒让指战员取暖。此时经万里远征，不少指战员体质已很差，再加上后续部队找粮食和能够御寒的棉衣、白酒更为困难，所以在严寒和极度缺氧中，有的人头晕目眩浑身无力，不自觉地停下来歇一歇，结果永远躺倒在雪山的怀抱里。跟随中央领导的警卫班的一些强壮战士，也有人倒在路上再也起不来。

过雪山时部队指战员穿的单衣无法御寒，大家只好把背包中的被子打

毛泽东等领导人过雪山的情景，当时他们的御寒衣物也不足。（上海大学美术学院长征系列油画创作组）

开披在身上，嚼着辣椒，在高昂的口号声中爬山。爬雪山时，毛泽东没有穿棉袄，翻过山后尽管浑身湿漉漉，仍显得兴致勃勃。周恩来却在途中患了感冒，下山后不停咳嗽，这是随后出现险些夺去他生命的疾病的第一个症状。健壮的朱德也得了支气管炎，留下的后遗症终生没有治愈。跟随妇运工作领导人蔡畅的一个十几岁的勤务员爬到雪山顶上，突然倒下就再也起不来，蔡畅在寒风中脱下仅有的一件毛衣盖在他的遗体上，才含泪离开。

红二、红六军团过雪山时也是夏天，指战员都身着单衣，同样也靠身披被子、毯子和不断运动取暖，在山上停顿就有很大危险。

红军过草地时，衣物缺乏也是造成大量减员的重要原因。当地中午温度可达40摄氏度，却经常出现雷电交加的天气，夜晚气温又降至0摄氏度左右。过草地前，红军虽尽量准备棉衣、皮衣，然而当地物产稀少，一条破烂不堪的毯子或油布都是极为奢侈的物品，往往只能供伤员或体弱者使用。张闻天的夫人刘英回忆，幸亏在过草地前她向红四方面军政委陈昌浩要了一块麻袋布似的粗呢子，做了一件上衣，再加上晚间同蔡畅依偎在一起，才能勉强抵御风寒。

长征到达陕北后的毛泽东，他身上仅有的一身棉衣是红二十五军服装排长临时缝成的。

对那些穿着单衣行军的红军指战员来说，在寒冷的草地过夜，只有靠挤在一起相互取暖。第二天一早起来，往往会看到草地上长眠着一些战士，甚至是跟自己背靠着背休息的战友。红一军团有一个班，在宿营地整整齐齐地两人一组背靠着背，怀里抱着枪支像熟睡了的样子，然而再也没有醒过来，这也是饥寒交迫的结果。

中央红军（红一方面军）到达陕北后，仍然穿着单衣，而且破烂不堪。红二十五军的服装排长后来回忆，他在军长徐海东带领下第一次去见毛泽东，就看到毛泽东身上穿着的是缴获国民党军的一套旧棉衣，裤子上还有烤火时烧的一个大洞。徐海东马上叫这个服装排长拿出军部还存着的一点灰布，为毛泽东做了一身单军装，一身棉军装。随后近一年间，毛泽东平时还舍不得穿，仍穿旧衣，出席大会和参加重要活动时才穿新衣。美国记者斯诺在进入陕北后为毛泽东拍摄的那张著名的肖像照，便是穿着那身单军衣。

为解决中央红军过冬衣服的问题，徐海东从红二十五军的全部积蓄7500块大洋中拿出5000块送来，用以买棉花买布，当地苏维埃政府又捐献出一些羊皮，并组织当地群众缝制好灰布寒衣送来。许多指战员看到终于有衣物补充，发自内心感叹“真是雪中送炭”，根据地对红军极端的重要性在服装问题上也充分显现出来。

红四方面军退到甘孜藏区时，气候寒冷，当地又十分荒凉，筹集布匹、棉衣非常困难。部队指战员便利用当地的牦牛皮毛，自己动手缝制皮衣、毛衣，才度过那段时日。在红二、红六军团到达前，红四方面军要求为兄弟部队献礼，就是为他们每人缝织一件毛背心，这对多数人还穿着单衣的红二方面军过草地起到了重要作用。

食——沿途征集常断粮

各路红军开始长征后，不再有根据地政权和有群众供应粮食，只有靠沿途“打土豪”和捐助、购买、欠借方式解决吃饭问题。各部队每到宿营地，首要任务便是筹粮筹款。中央红军和红二十五军，红二、红六军团长征出发都在秋收之后，地主大都谷物满仓，也便于没收征发。

红军政治部门对没收沿途土豪钱粮，有着一系列详细、严格的制度和程序。到达一地后，部队要动员群众检举，确定后才能“打土豪”，严防打家劫舍。对贫苦农民，红军一般是花钱买粮（钱款多为“打土豪”所得），并商妥粮价，不经同意不得强行购买。群众逃跑不在家时，买其粮食就要找邻近群众同去，留信给逃跑群众，并将钱付给邻近群众让其代转。即使是一根甘蔗、一碗糖水或几条咸菜，也要给一个银毫或几个铜板。

红军长征时，因队伍出发时间间隔很长，先头部队筹粮相对容易，在进攻战斗中也常有缴获。后卫部队打阻击战时则往往有耗无补，而且进入已筹完粮的地区也难以找到粮食。当时领导机关就考虑到这一点，在筹粮时要计算好后卫部队的人数，动员先头部队尽量多留出一些食物给后卫部队。

从国民党军和反动政府那里缴获，也是解决途中食物问题的一个手段。中央红军先头部队快速插入昆明东面的马龙县时，截获了云南军阀龙云送给蒋系薛岳部的满载地图、云南白药、宣威火腿、普洱名茶的运输车和一大批军粮，使部队改善了生活，红军由滇入川所需的地图也得到解决。有些红军干部开玩笑说：“当年刘备入四川，有张松献地图。如今红军入四川，又有龙云献地图。”

油画《过草地》表现了朱德总司令同战士们一同品尝野菜的情景。（张文源作品）

红军三大主力在长征中粮食供应最为艰难的日子，都是进入川康少数民族区域之后，随后北上也筹粮不易。当年的黔、滇、川、康和陕甘均属贫困地区，红军经常是一日一顿，一顿半饱，在那里非战斗减员数量大大超过战斗减员数量。

尽管部队极度缺粮，红军领导仍规定了严格的筹粮纪律。进入少数民族区域后，各部队都得到指示，对下层民众以及持友善态度的上层不侵犯其财产，对勾结国民党对抗共产党的反动上层则给予打击并没收财产。进入雪山草地附近地区后，因人烟稀少且百姓多已逃避，部队为生存只好收割藏民接近成熟的青稞，从而产生了非常时期的特殊征粮方式——“留条（牌）筹粮”。收割完后，指战员都将所收数量和原因用墨笔写在木牌上，插在田中，藏民回来后可拿这木牌向红军部队领回价款。由于许多群众躲避未回，红军起初还留下部分银圆，后因钱物不足而改留欠条。毛泽东到达陕北后接受斯诺采访，曾说过这是红军唯一的外债。新中国成立后，毛泽东还牵挂此事，指示川西和西康地区的领导应向藏民做适当补偿。当年红军留下的欠条，不仅由人民政府加倍偿还，而且还成了珍贵的革命文物。

过草地前，红军收割到一些尚未成熟的青稞，因缺乏工具只好用手搓麦子，无法加工的麦粒吃下去后很难消化，因此生病者甚多。即使是这样的青稞，在当时也是最宝贵的食物之一。据担任过草地开路的红一军团第四团政委杨成武回忆，临行前毛泽东向他交代了任务，辞行时见他没有东西吃，便让出自己的晚饭——六个鸡蛋大小的青稞馒头。随后红军在毛儿盖发现了一个大土司的石楼下窖藏了几十万斤（1斤=0.5千克）青稞，将其做成炒面，每人发了四五斤，作为过草地的食粮。

第一次过草地时行军七天，指战员体力消耗大，多数人走了一半路程便将炒面吃光，断粮时只好挖掘所有能充饥之物——皮包革履、死牛烂马、树皮草根、“神仙土”、粪便中残留的粮粒等。处于半饥饿状态下行军的人极易生病，在草地患重病不能行走往往就意味着死亡。当时红军出现了长征

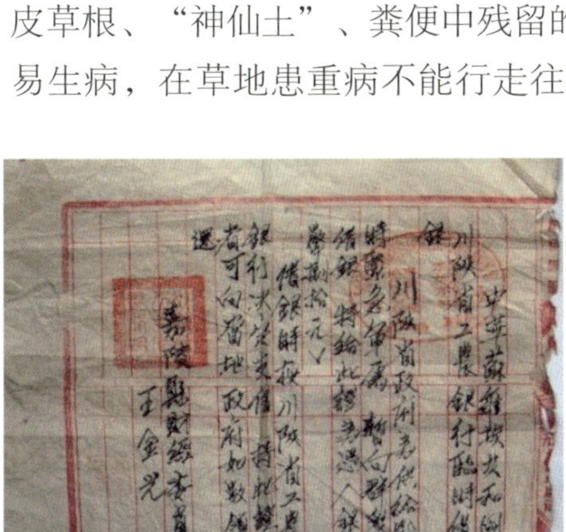

红四方面军当年在征途上留给群众的借据。

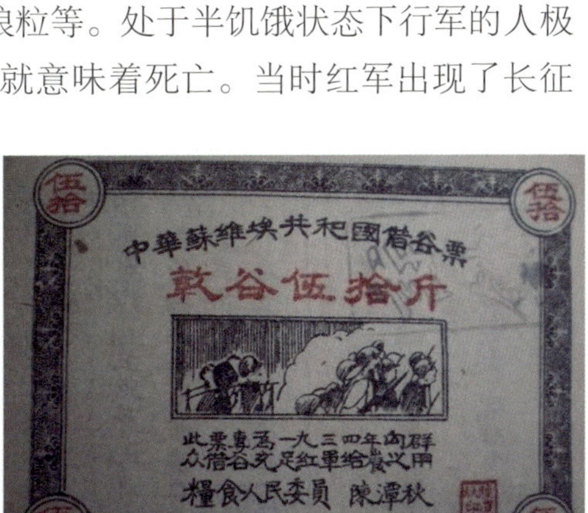

中央红军在长征前专门印刷了一批借据，以作为路上筹粮之用。

油画《雷声远去》表现了长征途中因缺衣少食牺牲的烈士形象。（李如作品）

中最严重的非战斗减员，如红一方面军主力过草地前，曾以一军（团）的第六团探路。该团在黑水马河坝一带陷入绝境，曾向总部发出求粮急电——“因为粮秣已绝，茹草饮雪，无法充饥，饿死冻死者触目皆是……生死完全取决于能否及时取得接济”。像这样的悲壮情景，长征中屡见不鲜。

有人认为草地里什么都缺，就是不缺水，其实这里的水大多是陈年腐草泡出来的，喝了轻者肚子发胀，重者中毒而亡。由于粮食不足，部队要挖野菜、草根充饥，在没有盐、没有燃料的情况下，许多人吃了半生不熟或有毒的野菜、野草中毒身亡。沿途经常看见牺牲的战士，嘴里还含着饥饿难耐时误食的毒草。在断粮时，有的人还将身上的皮带、皮鞋、皮毛坎肩或枪套、马鞍子都拿来煮着吃。前面的部队通过后，后续部队经常连野菜也难挖，粮食和盐的不足使红军在过草地时付出了太多的生命代价。

红四方面军在第一次、第二次过草地时，因刚离开根据地不久，部队还有一些物资积蓄，减员相对较少。在第三次过草地前，许世友带领骑兵师打散了反动土司的武装，缴获了8000多头牛羊。这次行军时间虽比较长，却因补充了这些肉类，部队多数人得以充饥走完全程。

红军内部的团结互助，是艰难长征中战胜缺粮的首要保证。多数指战员宁愿自己吃野菜、草根和树皮，也要把仅有的一点干粮给伤员和体弱者。红二方面军过草地时，贺龙要求前面的部队不要把野菜采尽，给后面的部队留下一些。每次会师前，先行到达的部队总是竭尽全力，为远道而来的战友们准备给养和慰问品。靠着团结互助的精神，红军各主力部队最终战胜了饥饿，通过了西部缺粮区。

中国共产党人要消灭剥削和压迫，实现各民族平等的纲领，也感动了

周恩来在长征途中动员大家努力筹粮。（沈尧伊作品）

长征途中的各民族同胞。红军长征进入偏僻的西部，通过荒凉的大凉山“倮倮区”，在藏区长时间停留，同尚处在奴隶社会或农奴制度下的少数民族接触，全靠党正确的民族政策，靠着部队严明的纪律，才克服了历史形成的深深隔阂，迎来了“兄弟民族夹道迎”的场面。正是由于实行正确的民族政策，红军在通过少数民族地区尤其是荒凉山区时，仍然筹到粮食。如红二军团进占西康省德荣县后，龙绒喇嘛寺召开“堪布会议”，决定赠送红军青稞1.5万斤，同时派喇嘛到附近村庄为红军筹集粮食。一些少数民族兄弟不仅拿出余粮，还帮助红军挖野菜。在延安时期和新中国成立以后，毛泽东几次高度评价了藏族、羌族人民帮助红军的业绩，将其比喻为“牦牛革命”。

住——民宅荒野皆宿营

红军长征万里，沿途宿营方式只能因地制宜。进入有村落的地区，部队通常分住民房，不论如何疲劳都要求指战员保证“缸打满院扫净”，多年后在各地群众中还留下一片赞誉。到了较大的镇子里，红军为避免扰民，便尽量找政府机构、逃亡的土豪官僚的住宅或学校、祠堂等公共场所作为宿营地。

长征期间红军占领的最大城市，是黔北的中心遵义市。黔军第二师师长柏辉章刚修起的外形别致的两层豪华住宅，号称是遵义市区最好的房子，就成为中革军委的办公地，随之被当作政治局扩大会议的会场。红一方面军进

1935年中央召开巴西会议的旧址，当时这些荒废的喇嘛寺就成为中央行军途中难得的住所。

驻遵义城北的桐梓，也是黔北的繁华之地，当时已有电灯，许多来自农村的战士还是头一次见到电灯，认为是开了“洋荤”。

进入大城镇是红军长征中的罕见事例，在荒郊野外宿营才是家常便饭。毛泽东在长征中赋词有“惊回首，离天三尺三”一句，这描绘的就是历来被人们视为畏途的老山界。这座山是红军长征以来遇到的第一座难行的大山，部队在仅有一人宽的崎岖小道上白天行军，晚间因走夜路危险只好就地宿营，个别人在睡梦中翻身幅度过大掉下了山崖。

红军经过少数民族地区时，住宿时还注意执行好民族、宗教政策。在选择住地时，不得擅入喇嘛寺、清真寺等处，在居民区要尊重当地风俗。红军离开群众的住房时，都要求“缸打满院扫净”，给群众留下很好的印象，这也是共产党人为人民服务精神的体现。

红一、红二、红四方面军进入高原荒僻地区后，民房难寻，部队大都野外露营，在帐篷极少的情况下搭草棚、生篝火驱寒。红军爬雪山时是白天通过，夜间下山宿营，住宿条件最困难的时候是过草地。行进在水草交织的半沼泽地带时，一些当事者形容是“地是湿的，柴草是湿的，身上几乎没有干过”。晚间有时找不到一块干燥地面，许多人只好坐在背包上依偎着取暖。当时能拣到干草烧起一堆篝火，对指战员而言就是一件幸事，大家围在火堆

油画《红军过草地》表现了在那段最艰辛的征程中，红军身上破旧的衣服打湿后要靠篝火烤干。（董希文作品）

旁取暖，并在寒夜中以革命歌声激起斗志。

长征路上的多数地段住宿条件恶劣，严重影响了指战员的健康。红军在一些荒凉地区宿营时经常无法洗脸、洗澡，还要在草垛、墙角甚至是野外睡觉。征途上几乎每人头上、身上都长了虱子。红军中的女同志所受影响最大，许多女战士生理失调，造成的后遗症导致不少人终生不育。

尽管条件如此恶劣，红军指战员还是保持了乐观的态度。红三军团军团长彭德怀用了一句玩笑概括说："无虱不成军，没有虱子的不算长征干部！"对于女红军来说，休息时她们便围在一起互相捉虱。对此，革命老人徐特立编了一个"捉虱舞"，还亲自表演过。跟随红二方面军长征的原国民党军第四十一师师长张振汉（在忠堡战役中被俘）被安排在随营学校任教，虽得到特殊照顾，也因沿途所住的地方卫生条件差，长了一身虱子。据当时在红六军团的陶汉章回忆，他曾问这位过去习惯于养尊处优的国民党中将感觉怎么样，张振汉只是苦笑着回答说"虱多人不痒"，因为他也习惯了同红军一起过艰苦的生活。

当红军到达陕甘苏区时，当地人民"千家万户把门开，快把那亲人迎进来"。干部战士进入群众主动腾出的烧了热炕的房子后，都激动得热泪盈眶。到了根据地，部队如同鱼儿到了池塘，才从根本上解决了住的问题。

油画《革命理想大于天》表现了毛泽东、周恩来率军过草地的情景，在没有房屋可住时野外露营，生篝火取暖。（沈尧伊作品）

行——人人磨出“铁脚板”

长征中的红军要翻越世界上海拔最高的青藏高原边缘区，经过被称为“死亡之区”的水草地，向自然界的艰险和生命的极限挑战，这也是永远值得人们传颂的动人创作素材。“红军都是钢铁汉，千锤百炼不怕难”。诸如翻越老山界，几过乌江天险，“金沙水拍云崖暖”的渡江奇迹，爬过夹金山、梦笔山，经历长征途中最艰苦的行军——通过水草地，还有冲破天险腊子口等，这些都是艰苦卓绝的典型。

长征中的红军一面行军，一面受到几十万敌军围追堵截，主要靠快速行军摆脱险境。经过考验的红军指战员都明白，练就一双“铁脚板”是征战的基本保证。据中央红军统计，长征期间平均每天行军35公里，宿营后一些人员还因外出警戒、筹粮而多走些路。不少人后来说，红军长征二万五千里，他个人走了至少三万里。

中央红军长征中翻越的第一座高山，就是广西北面的越城岭，俗称“老山界”。山上的雷公岩、百步陡等地方，简直是九十度绝壁。上山时，后者的嘴几乎可以碰到前者的脚跟，下山时，后者的脚差不多会踩到前者的头顶。绝壁上开辟的栈道、石梯则宽不盈尺，一旁就是高达100余米的悬崖。行军到达悬崖时，所有伤员都必须离开担架，由人搀扶着攀登，输送辎重的挑夫根本无法通过。摔断了腿的马匹，躺在悬崖脚下，痛苦地嘶鸣。被誉为

"红色华佗"的军医傅连暲，骑着毛泽东让给他的大白马，在半山上的栈道略一张望，犹如从云端往下看一样，不禁头昏眼花，竟连人带马跌下悬崖。幸亏他掉在浅水边，无生命危险，他的马连同马背上的行装却早已被激流冲得无影无踪。

面对如此险境，有诗人气质的毛泽东仍然吟诗言志，写下了形容山之高的"刺破青天锷未残"诗句，赞颂了红军在困难面前仍然保持着大无畏的英雄气概。

在长征途中，部队扩红而来的新成员虽人数不少，例如在遵义一次就吸收了几千人入伍，但这些人因过去未经长途行军锻炼，入伍后不久大都掉队，最后完成长征的人多数还是出发前的老骨干。红军与敌周旋时虽然走了不少弯路，相当疲劳，但敌人几十万大军更被红军拖来拖去陷入无用武之地，更是疲惫不堪。

长征期间，不少部队为了抢时间完成重要任务，经常急行军或强行军。例如红一军团第四团为了在援敌到达前夺占泸定铁索桥，"要桥不要命"。开始部队沿大渡河西岸崎岖不平的羊肠小道，沿途突破敌人的阻拦急行军，

油画《红军过夹金山》。（冯法祀作品）

预定两天到达。随后，红军发现对岸敌军两个旅正同自己隔江并行奔向泸定，因下大雨暂时停下休息。在此紧急关头，红四团改为强行军，创造了过崎岖山路一天一夜强行120公里的纪录。此间部队没有睡觉，干粮也是边走边吃。如此惊人的行军速度，后人称其为“飞夺泸定桥”实不为过。

在这种长途行军中，胶鞋是很难得到的宝贝，布鞋不耐磨，每个指战员身上都带两三双草鞋，一路行军一路自己打草鞋。国民党军追击红军发现其最鲜明的一个特征，便是路途边触目皆是的一双双丢弃的烂草鞋。红军过金沙江后演了一个剧目，名为《一只破草鞋》，意思是敌人自赤水河以来追击千里，只捡到红军穿烂的草鞋。

在红军的队伍中，通常只有少数师或团以上干部才配备马，可是在多数情况下这些马用来驮伤病号或枪支，他们自己则同战士一起步行。如当时年过半百的朱德总司令，长征途中多是徒步，把马用来驮体弱的战士，极大地激励了部队指战员。

除了过草地外，红军长征中最艰难的行军就是过雪山。如红二、红六军团在1936年夏天沿着玉龙山西麓、金沙江东岸前进时，一个“戴白帽子”的大雪峰横在眼前，这就是北上甘孜与红四方面军会合必须翻越的哈巴雪山。哈巴雪山位于横断山脉南端，到处是被金沙江、澜沧江激流冲刷而成的沟壑峡谷，陡峭异常。许多雪峰都在海拔5000多米的高度，寒风吹起山上的积雪，宛如玉龙在天际飞舞。在严寒和极度缺氧中，指战员主要靠自身运动产生的热量驱走寒冷。爬山到达雪线以上时，指挥员不断喊“千万不能坐下”！除了缺氧的威胁外，此时衣衫单薄的指战员若是停止运动，身体很快就会被冻僵。据红六军团政治部主任甘泗淇写的总结：“在雪山上停止、休息和吃雪水的致死近百。”

油画《先驱》表现红军在过草地的征途上前仆后继。（高泉作品）

油画《峥嵘岁月》表现出朱德总司令率部过草地的情景。(林岗、庞涛作品)

翻越第一座雪山时有70里左右的路程，红二、红六军团各个部队都只用了十多个小时，不过在山高路险、严寒冰雪的残酷条件下，部队因情况不明和经验不足，付出了很大代价。尤其是红二、红六军团的指战员大多数来自南方水乡，对西部高山的严寒和稀薄的空气很不适应。自湘西突围以来，部队连续作战行军，体力消耗很大，到了雪线以上严重缺氧，人人感到如秤砣压胸。有的战士被冰潮雪浪吞噬；有的战士不知沟壑深浅，连人带枪跌进深谷；有的战士对爬雪山缺乏知识，累了就坐下来休息，结果再也起不来。总指挥贺龙内心非常焦急，向全部队口传命令，要各级干部组织行军，照顾体弱有病的同志，不能让一个人掉队。在这支队伍里，有贺龙的女儿贺捷生，此时仅半岁，是全程经历长征的年龄最小者。

贺龙自己有一匹马，过雪山时他却同大家一起步行，让一些体弱者抱着马腿甚至抓着马尾巴爬坡。他后来曾感慨地说，这一匹马过雪山时救了十几条生命!

红军行军中最艰苦的时候，是过草地的日子。当时的红一军团政委聂荣臻回忆说：过草地那些日子，天气是风一阵雨一阵，身上是干一阵湿一阵，肚子是饱一顿饥一顿，走路是深一脚浅一脚。大部分人挺过来了，不少人却长眠草地。有的战士走着走着，突然就倒下了。是饮水还是瘴气中毒，是饥饿还是冻死，没有人知晓。

油画《罗荣桓在长征途中》表现了红一军团政治部主任罗荣桓同战士们一起行军，大家都是衣衫褴褛。（陈坚作品）

过草地的牺牲者，来得及掩埋的就在简陋的坟前立上死难者的拐棍，刻上他的名字。来不及掩埋的只能暴露于野，在风雨雷电之下随着岁月慢慢消失。那些不小心陷进沼泽的，一串泡泡过后瞬间便消失。这些牺牲者的精神，激励着生者更无畏地奋斗。许多老红军回忆，经历过草地的战士，对死亡差不多都有了一种漠视感，作战特别勇敢。

万里征途中经常出现伤员和病号，因没有根据地难于妥善安置。当时为保存重要骨干，红军规定团以上干部和重要技术骨干（如电台人员等）伤病后用担架抬着走，轻伤病员能走则步行跟随，重伤病员每人发几块银圆安置在群众家中。红军三大主力长征出发时总计约有20万人。长征结束时，经过远征的部队只剩下5.6万人（如加上在陕甘宁晋补充的人员共7万多人，不过随后在西路军远征时又损失了2万人）。20世纪80年代中期全国调查统计有15万失散红军，相当一部分就是长征途中的伤病掉队人员。

“为有牺牲多斗志”。红军万里长征的过程，不仅是与敌人进行战斗，也是向自身的生命进行极限挑战，不惜流尽最后一滴血。根据唯物主义的原理，物质决定意识，同样意识也可以反作用于物质。长征中的红军正是将精神的反作用发挥到极致，靠着钢铁般的意志，因陋就简，克服衣食住行方面的物质困难。

油画《走出泽地》表现了红军征途扛着重机枪行动的艰难。这些少有的重武器，是当时红军的宝贝。（李如作品）

武器——只能靠“取之于敌”

中国共产党领导的红军从建立起，就在国民党政权的围攻之中生存，主要在农村根据地转战。革命军队在暴动之初除了大刀、长矛一类的冷兵器外，枪支要靠从敌人手中缴获，火炮数量极少且难以获得炮弹供应。

后来红军建立了一些规模较大的根据地，苏区内也有兵工厂，却主要做修理工作。靠着军工战士的艰苦努力，兵工厂能复装子弹，即从战场找回子弹壳，重新装上火药和铅头。由于没有电机而靠手工磨制，这些子弹打出去准确性很差且打不远。兵工厂还制造些手榴弹，可经常扔出去不响，或者一炸两半。当时苏区和红军有一些基本的原则，战场缴获的制式子弹先保障机枪使用，好枪则装备主力红军，地方部队和赤卫队多用土造武器包括梭镖（木标或竹竿头磨尖再装铁刺）。

中央红军长征出发时，总人数为8.68万人。这支部队出发前做实力统计，枪只有3万多支，包括马步枪2.91万支、手枪3141支、冲锋枪271支、重机枪357挺、轻机枪1322挺。后来有的统计又加上土枪，总枪数为4万支。据统计，中央红军上路时携带枪弹141.8万发，其中缴获的较合用的子弹约80万发，其余是红军兵工厂自行复装的，不能用于连发武器，制式步枪射击时也常不放心。中央红军携带的迫击炮有38门、山炮只有4门，炮弹也很少。此外，武器实力统计中还有6101根梭镖。

油画《红军战士》表现出红军的枪支和弹药不足，一些人还要以大刀作战。（陈坚作品）

从武器统计可看出，中央红军长征出发时不仅机关、勤杂人员等没有武器，很多作战部队枪支也不足。

中央红军长征初期陷入被敌军围追攻击的被动处境，一直未进行有较多缴获的歼灭战，总体上是有消耗而又缺少补充，弹药日益不足。在这种情况下，红军便把有限的火力集中起来使用，在一些关键性战斗形成局部的火力优势，这种办法在生死关头多次发挥了关键性作用。如强渡乌江时，中央红军将少数迫击炮和轻重机枪集中使用，在突破口上压倒了敌人，保障了登岸成功。

四渡赤水时的第一仗土城之战没有打好，重要原因在于红军每支步枪不过十余发子弹，川军却弹药充足，其参战的“模范师”又装备了刚买到的进口武器。这一仗红军伤亡人数大于敌军，没有多少缴获而只消耗弹药，情况就显得更为严重。接着毛泽东指挥出奇兵，二渡赤水再占遵义时，打了长征后首次歼灭战，敌军溃逃时又丢弃了一些武器。据当时《红星》报记载：“我军缴获机关枪20余挺，步枪3000余支，子弹30万发。”获得了这些宝贵的武器，红军才能有效进行下一步战斗。

在强渡大渡河的安顺场战斗中，红军17名勇士面对守敌1个营能顺利登上对岸，重要原因是红一团能以6挺重机枪、数十挺轻机枪的集中火力，以及1门迫击炮打敌要点，压制住对面之敌。陈云所写的《随军西行见闻录》曾对此记述道："红军则布置机关枪及迫击炮之阵地，并配置有特等射手，以配合船上的强渡部队。当红军所驾之船离南岸时，刘军即对之射击。但红军不稍畏缩，勇往直前，竟抵河之北岸，当即一跳上岸。虽刘军对之射击，但只有四个受伤者，其余则一齐扑至刘军工事内。此时刘军一方惊于红军之英勇，胆气已寒，又加河南岸红军之机枪迫击炮瞄准射击，刘军几乎不敢抬头，而渡河之十余红军即占领刘军工事而缴其一部枪支。闻刘军有一机关枪手，正拟至高山阵地架机关枪，行不十步，即被对岸红军之特等射手射倒于地。因此刘军全部向后退上高山。红军即抢守工事制止刘军向下，一方则重驾船返至南岸载红军渡河。待红军渡过一营后，红军即向刘军冲锋。刘军兵心已寒，全部溃败。"

红军长征时，经常将较好的武器集中到少数骨干部队，最典型的就是红军中唯一的"钢盔部队"——陈赓为团长的干部团。该团在长征前由彭杨、公略两军校和红军大学的学员合编而成，战士均是连排以上干部，装备也优于普通部队，很多人还戴东征福建打十九路军时缴获的钢盔。土城战役中，红军面对实力较强的川军"模范师"冲击，战局一时恶化，关键时刻干部团由4挺重机枪掩护，头戴钢盔发起白刃冲锋，一举将敌击溃。当时敌军大都知道红军有个戴钢盔的干部团战斗力极强，以至于闻风丧胆。

在夺取泸定桥的战斗中，红四团面对铁索桥东岸1个团的守军（其中守桥头的有1个营），在攀桥进攻时集中了3挺重机枪持续实施掩护，准确射击将对岸的敌人打得趴在工事中不敢抬头，从而掩护了廖大珠等22名勇士一举夺桥成功。

中央红军自二占遵义之后，没有再打大的歼灭战，长途转战中耗多补少，到陕北时平均每支枪只有几发子弹。到达陕甘苏区前，1935年10月7日红军陕甘支队在固原县青石嘴消灭东北军何柱国部两个骑兵连，缴获数百匹战马和10余驾马车的枪弹和军衣。这些马对红军非常重要，但最使战士们兴奋的还是这些来之不易的子弹——有些人在回忆录中将其形容为"简直看作比生命还要贵重"。

1935年11月，毛泽东在到达陕甘苏区指挥首战——直罗镇战役时，强调一定要打歼灭战。红一方面军在直罗镇战役中歼灭东北军牛元峰部1个师，战斗中以消耗12万发子弹的代价缴获捷克造马步枪5000支、轻重机枪250挺、子弹26万发。这次丰厚的缴获，为巩固陕甘苏区，为红军有效恢复战斗力发挥了重要作用。

红四方面军在长征前，曾缴获了四川军阀刘存厚的兵工厂，因而能生产手榴弹和复装些子弹。不过川军因在内陆购买外国武器困难，其枪支有许多是省内自制，射程不远，红四方面军在战斗中缴到也抱怨不已。徐向前等指挥员提出应设法同国民党中央军作战，才能缴获一些好武器，后来在长征过草地后红四方面军在包座战役中消灭蒋介石的嫡系胡宗南部一个师大半，俘获了一批德式武器和弹药。当时的红军如同陈云到莫斯科汇报时所说的那样："我们的红军战士，不大乐意同各省地方军阀厮杀，而只高兴和南京军阀交战，因为击溃了一个南京军阀，通常总是得到大批粮食、军械，而地方军阀却寒穷得多了。"

对于从地方军阀部队缴获的劣质装备，红军挑其中较好的给二、三流部队，有些不堪用的便销毁。如红军进入陕甘之初缴获到地方土军阀的一些枪支，质量低劣又不可用的子弹，便专门派了部队执行一项特殊任务——用石头将破枪全部砸烂，以免"地头蛇"再用它们祸害民众。

红四方面军素有英勇顽强的战斗作风，不过张国焘自鄂豫皖突围后一直害怕同国民党中央军作战，对胡宗南部总是设法避战，这也是他主张南下的重要原因。1935年10月，红四方面军同中央分手后南下，在百丈关同川军主力激战，没有打成歼灭战而只是拼消耗，结果将有限的弹药消耗大半，国民党中央军薛岳部又投入战场。张国焘的错误指导，使红四方面军就此陷入窘境，被迫撤向甘孜藏区，在那里虽无太多战斗却也难得到弹药补充。1936年红四方面军北上同红一方面军会师时，据统计每支枪平均只有5～25发子弹。

红二、红六军团即后来的红二方面军一向以灵活机动、善打巧仗著称。红六军团经苦战同红二军团会师时，每支枪只有3～5发子弹，人称只够"保枪"之用。后来两军专门挑国民党军孤立之部发起攻击，遇强敌便避开，一直到忠堡之战歼灭国民党军第四十一师，缴获了较多的枪支弹药，装备才有了改善。部队还缴获了1门山炮，一直将其带到陕北，这也是红军长征时唯一保存下来的1门火炮（不含迫击炮）。

同红军相比，国民党军的武器装备要好得多，不过国民党中央军同地方

红军长征到达陕北后仅剩的1门山炮。

军阀也有区别。蒋介石控制的东南地区是当时中国最富庶的区域，上海一城的财税收入就超过内地十几个省，因而有财力进口较多的外国武器，其中主要是德国枪炮。如胡宗南的第一军等部是中央军装备最好的部队，每个步兵连都配有轻机枪9挺、步枪80余支，每个营都有一个装备6挺重机枪的重机枪连，还有一个营属迫击炮排（装备2门迫击炮）。国民党当局主要依靠进口弹药，国内的金陵兵工厂、巩县兵工厂也能生产子弹和仿制步机枪。因此中央军的弹药最为充足，每个士兵在战斗前往往能配备上百发子弹，训练也比较好。

在地方军阀中，东北军、晋军和滇军是装备较好的部队。“九一八”事变前，东北军拥有曾是远东最大的东三省兵工厂，并自外国购进大量先进武器。日本侵占东北后，进关的东北军还携带着原来的武器，如红军在陕北遇到的东北军第五十七军，每连都装备轻机枪9挺，每营还都有重机枪连1个，每团都有迫击炮连和平射炮连各1个。只是弹药供应比过去困难，虽能由南京政府拨给或自购些子弹，数量却不够充足，东北军认为自己是“断奶的孩子”，不愿打硬仗，士气也很低。山西军阀阎锡山除外购武器，在太原也建有国内有名的兵工厂，红军同晋军作战时发现其不吝惜子弹经常滥射，只是太原兵工厂所制的弹药质量不高。滇军依靠云南靠近越南的便利条件，以贩鸦片为主要财源，外购武器，装备也比较好。如拦截红军的孙渡纵队每连都有轻机枪12挺，旅部直辖迫击炮连、重机枪连各1个。广西虽穷，桂系军阀仍集中财力外购武器，虽然桂军装备在国内军队中属中等，养兵也不多（平时只保持20个团左右），但桂系部队却比较强悍。

川、黔、青、甘的地方军阀与前述的军队相比，武器装备落后得多。如一些川军和贵州军阀的官兵还嗜吸鸦片，有时在战斗中毒瘾发作，鼻涕眼泪直流，无法坚持打下去。红军打这样的敌军比较容易，长征时行军要绕道西部地区的重要原因就在于此，只是对缴获他们的武器装备兴趣不太大。

由于近代中国各派军阀向不同国家购买武器，人称各派军队成了“万国武器博览会”，红军同各派军阀作战时缴获的武器也不同。美国记者斯诺在1936年6月进入陕北根据地时，看到的红军是由杂乱的武器装备起来的。他在《红星照耀中国》中记述说：“红军声称他们百分之八十以上的枪械和百分之七十以上的弹药是从敌军那里夺来的。……我所看到的正规军基本上是用英国、捷克斯洛伐克、德国和美国的机关枪、步枪、自动步枪和山炮装备起来，这些武器都是大量地卖给南京政府的。”

在国内革命战争中，共产党领导的军队一直将敌军看作“运输大队长”，靠战场缴获满足自己的需要。长征结束后，毛泽东在《中国革命战争的战略问题》一文中就写道：“我们的基本方针是依赖帝国主义和国内敌人的军事工业。伦敦和汉阳的兵工厂，我们是有权利的，并且经过敌人的运输队送来。这是真理，并不是笑话。”

战争毕竟是活人之间的较量，想缴获对手的武器就需要拼杀，毕竟要付出鲜血的代价，因此红军选择打什么仗需要慎重考虑，并研究是否合算，消耗大于缴获的战斗通常要算作败仗。想有较多的缴获，就需要打歼灭战，而红军在脱离后方进行长征时打歼灭战十分不容易，缴获敌军的武器比在根据地作战要困难得多。

红军靠缴获敌军的武器来武装自己，装备好且数量多的国民党军却把手中的武器交给对手，这只能用军心士气来解释。共产党领导的广大指战员是为翻身求解放，交战时往往不顾生死；国民党兵是受雇打仗首先要保命，一旦形势不利自然会弃械逃窜或投降。

当年长征的红军英豪能够忍受饥寒，不畏艰难和牺牲，并沿途发动群众以得到支援，靠缴获敌人的武器装备自己以维持战斗，是基于崇高的理想和信念。根据唯物主义的原理，物质是第一性的，物质决定意识。当年千千万万贫苦农民舍生忘死地加入红军的行列，正是毛泽东制定的土地革命

这幅表现长征的油画，形象地说明了红军要靠战场拼杀缴获敌军的武器来装备自己。

纲领，激起了他们翻身求解放的热望，在万里征途中前仆后继。为改变旧社会的阶级压迫和外来的民族压迫，许多有救国爱民之心的知识分子也抛弃优裕的生活，投身于这充满危险和艰苦的事业。

长征中艰苦卓绝的行军和战斗，使中国共产党人磨炼出一支钢铁般的军队，这是长征最重要的胜利成果之一，同时也昭示着今后必定能赢得全国的胜利。

五 保障红军长征胜利的密码破译战

红军长征途中有着浴血厮杀，同时也有隐蔽斗争中难以看到的暗战，其中密码战就带有惊心动魄的传奇性。共产党破译国民党的密码，等于掌握了敌人的核心命令，“知彼知己，百战不殆”就有了重要保证。由于这一工作的隐秘性，那些电码破译者在长征胜利后许多年里还隐姓埋名，对外只有一个光荣的称呼，那就是“机要人员”。1949年中国革命胜利时，毛泽东就特别讲过，将来授勋章，也要考虑他们。确如毛泽东强调的那样，在回顾已经解密了的当年隐蔽斗争的历史时，人们也不能忘记长征中在电讯侦察领域的那些英雄。

重视电码战使红军最早建立起无线电侦察

19世纪末人类开始使用无线电通讯后，电码在太空中传递，只要有收报机就可以接收，这样既方便了指挥，同时也为侦察敌人的通讯提供了便捷条件。民国年间，无线电通讯引入中国。如国民党军队在北伐战争之后，在军师以上的单位建立了无线电台，不过只是用于通讯，还没有用于侦察。采用这一技术水平很高的方式获取情报，在中国是由共产党人开了先河的。

中国共产党的情侦工作，自1925年廖仲恺被刺后，由周恩来、陈延年领导的两广区委创建。1927年6月，中共中央正式建立了特别行动科（简称“特

这幅油画表现了周恩来在长征中的形象，他是共产党情侦工作的创始人，长征中直接领导技术侦察工作。（沈尧伊作品）

科”），并完善了党内地下活动的通讯网。随后，中共打入国民党特务机关内部的钱壮飞等人还获取了其高层绝密电讯密码，从而在1930年以后能获得国民党“围剿”红军的计划等一系列重大情报。1931年4月，当中共中央保卫机关负责人顾顺章在武汉被捕叛变时，钱壮飞又在国民党特务机关译出了武汉发向南京的报告，抢先转移了上海的各个地下机关，起到了挽救党中央的重大历史作用。由于看到密码及其破译的重要性，共产党在展开反抗国民党的武装斗争之初就努力建立自己的无线电通讯队伍，同时重视对敌开展电讯侦察。

在中国共产党内没有建立电讯联络之前，中共传递指示和情报的工作主要是通过邮电局或交通员来完成，风险很大且速度很慢。为防止途中敌人军警特务搜查，党内传递的一些绝密信件不能送文字稿，而要求由交通员背诵下来，到达目的地复诵出来。这种原始的传递方式往往很久才能沟通一次，有时还要几个人接力传递，口口相传时还把内容传走了样。例如，毛泽东在秋收起义受挫后受到撤销中央政治局候补委员职务的处分，交通员传到井冈山竟然错传成开除党籍，搞得毛泽东在两三个月内成了“党外人士”，不能当书记只好当师长。后来朱德上了井冈山，说明中央只是将毛泽东开除出中央政治局，他仍然是中央委员，毛泽东随后才能担任前委书记。

为了提高党内通讯的速度和准确性，从1928年开始，周恩来主持中央工作时就提出要建立无线电通讯队伍，并在1928年夏天赴苏联参加党的六大时请共产国际帮助建立无线电通讯队伍，同时派出一些同志在莫斯科参加培训。1929年，中共中央在上海的特科建立了专门负责通讯的第四科，并开办秘密训练班培训电讯人员。特科的第四科科长李强原来就有一定的无线电知识，1929年冬，他在上海英租界装配出电台设备。1930年初，在苏联接受培训的涂作潮回国，正式建立了中央电台，实现了上海与香港的通讯。为此，中共中央还设置了党内电讯密码，并以周恩来的别名“伍豪”命名为“豪密”。

表现长征途中红军报务员工作的油画。

设在上海的中共中央努力培训电讯人员，主要目的是同全国最大的一支红军即红一方面军建立快捷的电台联系。1930年夏秋，毛泽东、朱德领导的红一方面军发展到4万多人，主要在江西、福建一带活动，但没有电台设备和专业人员。同年12月30日，红一方面军在龙冈战斗中歼灭了国民党军第十八师张辉瓒部，毛泽东兴奋地写下了《渔家傲·反第一次大“围剿”》一词，其中有“雾满龙冈千嶂暗，齐声唤，前头捉了张辉瓒”。这一仗缴获了一部15瓦的电台，一些出身农家的战士却因不懂是什么物件，在胡乱摆弄中把发报机弄坏，只剩下一部收报机，因而红军最早拥有的无线电台被称为“半部电台”。

缴获的电台被破坏了一半，红军总部对此十分恼火，立即向各部队下达严令，以后缴获品一律完整上缴，不得有半点损坏。不过此役最可贵的收获，还是俘虏了十几名报务员，其中电台站长王诤思想进步，在北伐战争中同情共产党。他被俘后经过毛泽东、朱德亲自动员，留下来参加了红军。因为那时中央在上海培训的报务员还没有赶到苏区，红军最早的电讯人员实际上是由国民党提供的。

歼灭张辉瓒部的龙冈战斗结束仅7天，中央红军便成立了电讯队，毛泽东、朱德任命刚参军的王诤为队长，体现出对他的高度信任，从此红军有了自己的无线电事业并随即开始了电讯侦察工作。

红军最初只有一部收报机，只能听、不能发，这最早的“半部电台”就被用于侦听国民党军的无线电信号。1931年1月6日，王诤在宁都县的小布村用“半部电台”开机，侦听敌军的电台信号，这一天就成为人民军队技术侦察工作的开端。

不久，红军歼击国民党军谭道源部，又缴获一部电台，战士们没有再破坏，而是将它完好无损地送到总部。仅仅一部半电台，还不能在红军中进行通讯，于是电讯队几个月的任务是抄收国民党中央社的新闻，同时侦听敌军无线电台的信号，从这个意义上讲，红军的无线电侦察工作比无线电通讯还要早。

这时国民党军虽然丢失了电台，但却认为那些由“土包子”组成的红军根本不会使用它，没有想到无线电通讯需要保密，在发起第二次“围剿”时各部队还用邮电部门的明码电报。

1931年5月15日黄昏，红军电讯队队长王诤在值班时，从耳机中听到敌第二十八师公秉藩师部电台同设在吉安的留守处的电台通信，师部电台说：“我们现驻富田，明晨出发。”吉安电台问：“到哪里去？”回答是：“东固。”这一电报对红军极为重要，总部立即下令：“零点起床，一点吃饭完毕，一点半集合、出发，务必于拂晓占领东固岭一带有利地形，待机歼敌。”果然，这一个师的敌军随后就进入了红军的包围圈，马上遭到全歼，第二次反“围剿”首战告捷。

王诤这一天侦听到敌军电台信号，可以说是红军历史上第一次电讯侦察的成功。接着，红军电台又截获了国民党军其他师的通信，采取逐个击破的方式，半个月内连续歼灭国民党军五个师的全部或大部分。正如毛泽东在词中所说的“七百里驱十五日，赣水苍茫闽山碧，横扫千军如卷席”。第二次反“围剿”胜利后，毛泽东特别表扬了王诤，称赞说：“我们红军也有了‘千里眼’‘顺风耳’，这是克敌制胜的一大法宝呢！”

开国中将王诤的雕像，毛泽东称誉他是我军通讯事业的开山鼻祖。

此后，红军的电台由截获敌明码电报发展到破译密码，对长征的胜利起到了至关重要的作用。

破译敌军密码使红军电讯侦察发展到一个新阶段

红军的无线电侦察和通讯工作，在战斗中得以不断发展。中央苏区第二次反“围剿”战斗中，红军缴获了一部100瓦的大功率电台，两部15瓦的电台，还缴获了一份密码本。这使红军内部可以进行无线电讯联络，那部大功率的电台还能同上海的党中央及时联络。过去中央向江西苏区送文件传达指示，需要靠交通员走一两个月，有了电台后便可在瞬间完成联络。

1931年6月，国民党军对中央苏区发动了第三次“围剿”。此时蒋介石知道红军已有电台，要求手下各部电台使用密码。不过国民党军十分昏庸，使用的密码还是第二次“围剿”时下发的密码。这个密码本已被红军缴获，国民党军前线总指挥何应钦下达的长篇命令全部被红军截抄，红军马上就照着密码本译了出来。红军历史上首次截获敌军无线电码的成功，使毛泽东、朱德等领导人在指挥反“围剿”时对敌情了如指掌。

在第三次反“围剿”中红军又缴获了几部电台，上海的党中央通过地下交通线也送来一些电台。截至1931年末，红一方面军已经有了16部电台，在鄂豫皖的红四方面军和在湘鄂西的红二军团也有了电台，全国的主力红军就此都能在作战中沟通联络。

红军的无线电队伍刚建立时，就吸取国民党军无线电台不注意保密的教训，从一开始就有严格的纪律，不仅通讯都编有密码，而且不允许在电台上聊天和谈私事。当时红军无线电通讯工作有两个：一是内部通信；二是截获敌军电码。截获国民党军的电码后，红军也分几个阶段读懂它的内容：第二次反“围剿”时是读明码，第三次反“围剿”时是翻译密码（因为此时已经缴获国民党军的密码本）。不过，第三次反“围剿”后国民党军又更换了密码，红军没有新的密码本，想知道国民党军的核心机密就需要攻下“破译”关。

“破译”和“译电”有重大区别，因为普通译电员是照本对译，相当于一个能按图纸施工的技术员。破译却是靠分析计算和猜谜，相当于科学家的工作。当年红军对敌无线电侦察取得的最关键的一项成就，就是能把国民党加密的电码都翻译出来，成功实现破译。当年在红军队伍中，译电员上百人，能够达到破译水平的只有五个人。在红军的侦察史尤其是长征历史中，人们应该永远铭记这五个能够破译敌军密码的人的名字：红一方面军的曾希圣、曹祥仁、邹毕兆；红二方面军的王永浚；红四方面军的蔡威。

中央红军三位密码破译能手，左起为邹毕兆、曾希圣、曹祥仁。

红军创建无线电讯工作后，在艰难的斗争中锻炼出一批优秀的密码专家。如军委二局局长曾希圣就把在地方邮电局学到的猜电码的本领同军用密码的破译相结合，周恩来曾对此称赞说："搞情报工作，曾希圣同志可以称得上是党内'稀有的神人'！"

红四方面军的电台台长宋侃夫在内部有个外号"本子"，意思是他拿到电台收到的国民党军电码，不用查对密码本，就能心中有数地把它的内容念出来。不过有人说，他是在蔡威破译的基础上熟悉了敌方的密码，才能达到这样的水平。

为破译国民党军的密码，曾希圣等一批侦察英雄真是煞费苦心。1931年秋天以后，国民党军更换了密码，使红军一时难译。1932年初，红三军团打赣州时攻克不下，又遭敌增援部队突袭而损失严重，就是因情报错估守敌数量且不知援敌情况，因而军团长彭德怀和红军总司令朱德都催促当时刚建立的军委二局努力破译敌军密码。军委二局局长曾希圣过去未搞过数字运算和电码，想到过去认识的一位邮电局报务员曾告诉他："其实无线电的密码也有规律可循，是可以破译的。"他便向上级请示，建立了电文破译小组。

被称为党内侦察工作"稀有的神人"的曾希圣。

为获得破译的参考材料，曾希圣等人不顾个人安危，深入火线。1932年8月，红军击败国民党在江西宜黄县的部队，曾希圣在战斗未完全结束时就带人冲进敌第二十七师的师部电台机房，经仔细搜索，找到敌人逃走时丢下的一个皮包，里面有已译出的30个字的加密电文。曾希圣将这些少量译文与截收到的电讯信号相对照，加上很了解敌情和战争全局的朱德也参与小组的工作并提供意见帮助分析，经一两个月苦心钻研，终于同曹祥仁等人一起破译了国民党军的“展密”。

此次破译“展密”，是中国共产党电讯侦察历史上第一次破译敌电码的成功。随后，曾希圣和他的助手还掌握了国民党军的编码规律，这样就能陆续把新编的密码破译出来。

红二方面军中，唯一能破译敌电码、在内部被称为“密码脑袋”的王永浚也有重大贡献。他原来是国民党军的电台报务员，1933年在战斗中被俘，经教育留下来参加了红军。1934年末，红二、红六军团（后编为红二方面军）会合后，只有任弼时带去一部电台，仅能进行军内通讯，没有人能从事破译工作。当时内部曾有秘密规定，破译这一绝密工作只能由党自己培养的人员负责，任弼时、贺龙却大胆任用王永浚，并每个月发给他30块大洋，还配备一匹马。此时任弼时、贺龙等最高首长每月的津贴最多时只有5块大洋，王永浚成了部队待遇最高的人，体现了组织对科技人才的高度重视。那时一块大洋能买几只母鸡，王永浚根本花不完这些钱，买来的东西都是同电台的同志一起吃，这些钱实际上成了公共伙食费。

王永浚因过去在国民党军电台工作，熟悉那里的密码编排规律，在红二、红六军团的电台工作后很快就破译了大量敌密码，为部队行动提供了重要情报依据。1935年红军取得忠堡大捷歼灭国民党军第四十一师时，他还根据贺龙等首长的指示，在总攻前用明码向敌师部电台发出一份电报，命令他们保存电台和密码，这样就给予优待，否则严惩不贷。果然，当红军冲进敌电台的房间时，所有人员都老老实实坐在那里，电台和密码都完好无损。红二、红六军团不仅缴获一部大功率电台，得到的密码本又可作为下一步破译的重要参考材料。

在红二方面军被称为“密码脑袋”的王永浚，这是他被授予少将军衔时的照片。

在长征途中，王永浚为红二、红六军团及其随后组成的红二方面军提供了大量破译敌电码所得的情报，保障了部队能多次在敌重兵包围时找到缺口破围而出。长征临近结束时，红二方面军首长看到王永浚对革命的忠诚，亲自介绍他入党。此后，王永浚又在八路军电台上破译日军电码，取得了重大成绩，1939年毛泽东亲自为他题词——“在奋斗面前没有什么困难”。新中国成立后解放军首次授军衔时，因曾希圣、曹祥仁都转到地方工作，王永浚以获得少将军衔成为红军从事破译工作的英杰中的“开国将军”。红一方面军的破译英才邹毕兆由于某些特殊因素，被授予大校军衔。

在红四方面军任电台台长的蔡威是福建人，1931年上半年由周恩来安排参加上海党中央特科秘密无线电训练班，并于同年10月下旬受中央派遣离沪赴鄂豫皖革命根据地，开创了红四方面军的无线电通讯和技术侦察工作。他以其聪明才智和惊人的毅力忘我地工作，破译了国民党中央军和四川军阀的大量密电，为粉碎敌人的多次进攻和配合中央红军长征做出了重大贡献，被红四方面军政委陈昌浩称为“我们供的一尊菩萨”。但红四方面军中军师一级的干部大都不知道有破译的事，因此他们开始有不少人崇拜张国焘。在战前会议上分析敌情时，这些干部对敌情分析往往讲得不准，而张国焘最后总结时却“料事如神”。其实他们不知道，这并不是张国焘的本事，而是蔡威破译的功劳。

蔡威能译出敌方密电，对作战的帮助非常之大。1933年秋天，国民党四川军阀集中20万军队，对红四方面军发动六路围攻，红军节节防御退到大巴山深处。1934年春节前夕，红四方面军电台突然截获并译出敌东路军总指挥王陵基的一份家电，内容是让他回家过年，王陵基马上复电同意。红军等他走后，突然向其所属部队发起反攻。这些军阀队伍只效忠听命于个人，一旦最高长官不在，别人就调度不灵，结果在群龙无首的情况下被红军击溃。

当时能破译国民党军的密码，除了红军中电讯人员的努力，打入国民党高层的中共中央特科人员也功不可没。他们智取了敌核心部门的一些密码本，不仅以此译出许多重要情报，这些密码本送到红军那里还能帮助破译人员掌握敌人的编码规律。1933年初，廖承志从上海去找四川的红四方面军之前，宋庆龄交给他一本国民党密码本。他把这份密码本带到川陕苏区，交给红四方面军电台台长蔡威，这也成为破译当时国民党密码的重要参考资料。1976年深秋，原红四方面军总指挥徐向前在谈起党的情报工作时曾这样说：“《长征组歌》中不是有这么一句吗，‘毛主席用兵真如神’，不错，

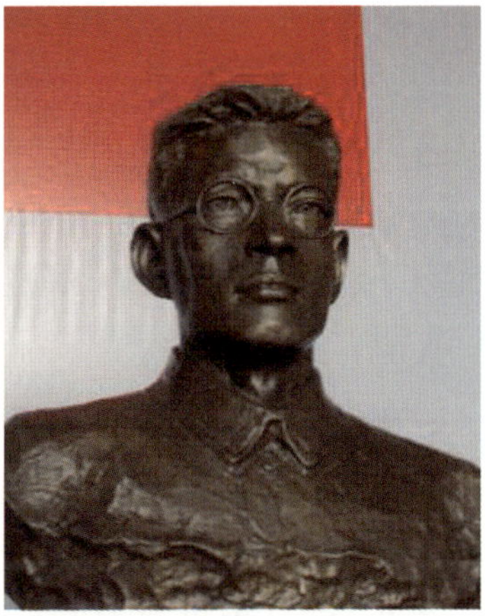

被称为红四方面军“菩萨”的负责密码破译的蔡威的雕像。

毛主席用兵确有过人之处，但他也是以情报做基础的。”“红军之所以敢于在云贵川湘几个老军阀的防区内穿插往返，如鱼得水，就是因为我们在龙云、王家烈、刘湘、何键的内部安插了我们的人，并且我们破获了他们的密码。”

1933年秋至1934年秋，国民党军对中央革命根据地发动第五次“围剿”，因各部大都在苏区周围相对固定的位置作战，蒋介石主要以有线电话指挥，红军便难以掌握敌军的指挥和部署情况。加上中共临时中央和李德实施错误的指导，中央红军打破敌军的“围剿”极其困难，最后不得不放弃根据地进行长征。

1934年10月中央红军长征开始，敌我双方的军队都在时时运动之中。由于当时国内没有建立有线电话网，蒋介石对国民党军各军、各师下达命令主要通过无线电报发送，这给红军通过破译密码了解敌情提供了机会。长征期间任红三军团军团长、红一方面军司令员的彭德怀曾在回忆录中总结说：“凭着红军指战员的英勇和出色的侦察工作，才免于全军覆没而到达陕北。”

出色的侦察工作是红军长征胜利的两大保障之一

在红军长征以及其他的作战行动中，与革命战争结合最紧的技术项目是无线电侦察，这是当年仅有的高科技。破译敌军电码有着极其重大的意义，特别体现在以下几方面：一是能及时得知敌军部署和战略意图，情报数量、质量和时效性大大提高（派人侦察经常回不来，且片面性大）；二是我军培养出一批破译高手，奠定了技侦工作基础；三是有利于我军密码安全，使我军编码的水平也相应提升。

所以彭德怀不仅把侦察工作视为长征胜利的两个关键性因素之一，还在侦察工作前面加上“出色”二字，评价如此之高并不过分。在国民党统治区内的万里漫漫征途中，红军时时受敌重兵围追堵截，却未中过一次埋伏，而且能在敌军设置的包围圈中准确地找到空隙钻出，这主要是依靠电台侦察及时掌握了准确的情报。

在长征途中，曾希圣带领军委二局人员天天侦听敌军的电台信号，破译了国民党800多种不同的电文密码版本，他们被红军领导人称为认识“天书”的人。毛泽东等领导人曾评价曾希圣领导的军委二局道：“没有二局，红军长征是不可想象的，有了二局，我们就像打着灯笼走夜路。”

由于跟随红一方面军长征的军委二局经常在白天行军，难以架设电台，因此红四方面军的电台的接力式侦听和破译敌电码也发挥了不可替代的作用。中央红军（红一方面军）开始长征后的半年时间里，大部队在白天行军时，电台人员只能将机器收起跟随行军。此时红四方面军的电台还在川陕苏区的固定位置，在白天截收敌电台信号并将其破译出来。天黑后，红一方面军的电台到达宿营地，红四方面军的电台马上把截获的内容发给红一方面军。如1935年1月4日，蔡威所在的红四方面军第二电台破译了敌人在中央红军周围部署的情报，迅速向中央发报。电报全文不过300来字，却将当时中央红军周围分布的国民党军17支不同部队的位置、人数和动向悉数告知，这就为中央选定遵义作为进军目标并在那里从容休整十几天提供了依据。

此后红四方面军长征时，电台在白天又经常难以工作，已到达陕北的红一方面军的电台则昼夜工作截收国民党军的电报通信，并通报给红四方面军。红一、红四方面军相隔数千里仍保持着接力式的相互配合，确保了长征中几乎不间断地截获敌军全部电报。

中央红军长征之初，军委二局破译了敌军电报中的部署情况，这为中央决策提供了重要根据。如湘江战役后国民党军在湘西设下"口袋阵"，这时博古、李德等人还要坚持按原定方案向那里前进，准备同红二、红六军团会合。在通道会议上，毛泽东、周恩来等人以军委二局刚破译的敌军电码为根据，主张进入敌军力量空虚的贵州，并得到政治局多数人的赞同，博古、李德也不好反对，这次通道转兵才使中央红军避免了全军覆没。

长征中几次关键性的战斗，又显示出破译敌电码的威力。1935年1月土城战役发起后，起初红军以为国民党四川军阀只有4个团不足万人，准备将其歼灭，随后却发现越打敌军越多，仅正面就有8个团的敌军，后面的追兵又已逼近。在此紧要关头，毛泽东、周恩来要求军委二局局长曾希圣赶快搞清敌情。军委二局报务员立即在空地上架起天线，侦收国民党军各部的电台信号，并当场破译。通过译出的电文，再对照地图，毛泽东看到土城周围几乎都有敌军围拢而来，只有西面有一个不大的口子还没有敌军。于是，军委决定部队立即撤出战斗，西渡赤水脱离了绝境。

1935年2月19日，红军第二次渡过赤水河，从十倍于己的敌人的空隙中钻出来。其间，曾希圣率人严密地监视川军潘文华部、滇军孙渡部的一举一动，知道川、滇之敌主力集中到红军的北、西、南这三个方向，东部遵义地带的贵州军阀王家烈部兵力不多且战斗力弱，国民党中央军追兵8个师还在贵阳一带休整。根据曾希圣等人提供的情报，毛泽东决定再渡赤水河，回师黔北，激战娄山关再克遵义，取得长征后的第一次大胜利。

在四渡赤水的过程中，破译敌电码一事处于高度保密状态，只有极少数领导人了解曾希圣领导的军委二局的情报内容，不明个中玄机的许多指战员对走“弓背路”埋怨不已，林彪还掀起了怀疑毛泽东指挥能力的风波。

曾希圣（左）同邓颖超。

1935年3月下旬，红军第四次渡赤水河后准备南渡乌江，突然军委二局从破译的电报中发现国民党中央军周浑元、吴奇伟的2个纵队6个师的部队正逼近红军主力，一天后很可能会与红军主力遭遇，同时在乌江南岸20余公里处还有国民党军3个师的部队。红军主力要安全渡江至少要三天时间，双方部队若交锋，必然会是一场不利的恶战。

在此紧急情况下，军委领导和军委二局局长曾希圣一起研讨对策，曾希圣灵机一动提出，自己完全掌握国民党军的电报格式和密码，可以冒充蒋介石的口吻向他们发令向其他方向开进。毛泽东、周恩来听后拍案叫绝，当即同意实施。接着，军委领导同曾希圣等人研究后认为，只要电报内容不太过直白，国民党军应该不会察觉。根据指示，曾希圣让军委二局报务员以蒋介石的语气，向这两支部队发出了“继续前进”的电令。假电令发出后，一直朝着东、南两个方向前行的国民党周浑元、吴奇伟部接获密电后深信不疑，果然没有改变方向，“奉命”继续向这两个方向前进，使其包围圈扩大，与红军保持着一定的距离，随后红军未经激烈战斗便渡过乌江。

有意思的是，由于蒋介石发电甚多，而且经常朝令夕改，这两路敌军事后竟然一直不知道这次调动是红军发出的假电令。直至几十年后大陆方面出版的怀念曾希圣的文章中披露此事，台湾国民党当局才知道。像这样发假电报调动敌军大部队的事例，在世界战争史上堪称奇观。

在四渡赤水的过程中，军委二局的情报与红军的行动息息相关。据曾在红军总部工作的吕黎平回忆，曾希圣“是侦破敌人情报的专家”，“那时我们几乎天天同他打交道，不是他来军委一局向朱德、周恩来、刘伯承汇报敌情，就是我们去军委二局查询情况”。长征中掌管红军情报工作的红军总参谋长刘伯承曾对曾希圣领导的军委二局有一个非常生动的比喻：“玻璃杯里面押宝，看得一清二楚。”

中央红军结束了四渡赤水，又南渡乌江进入云南，在距离金沙江边还有三天行程时，敌人的追兵在后边只有一天的路程。因时间紧急，毛泽东决定在洪门渡、龙街渡、皎平渡三个渡口同时抢渡金沙江。若如此分散兵力，一旦遭到敌人突击便难以互相支援，而且前线陆续报告龙街渡、洪门渡因水流太急和不易防空，渡河困难。毛泽东正在焦虑之际，曾希圣送来情报称：离我们最近的是敌十三师，师长万耀煌既怕死又要保存实力，蒋介石问他前面有没有共军，他谎报军情说没有，就在原地等了一天，又往回走了一天，再返回来追赶，这样就和我们拉开了四天的路程。

毛泽东得知这一消息马上转忧为喜，将全军都调到皎平渡，用了九天时间从容渡江。1935年5月9日，红军主力部队全部渡江完毕之后，国民党追兵在薛岳率领下赶到金沙江边时，见船只已经被烧毁，只能隔江兴叹，再找船渡江又耽误了好多天。就此，红军暂时摆脱了几十万敌军的堵截，取得了战略转移中的决定性胜利。

电台人员的英勇和奋斗精神是制胜之本

在高科技成果的电波斗争中，有着优越设备和技术优势的国民党军却居于绝对劣势，红军的“土包子”却能压倒对手。在后来的战争中，共产党领导的军队在电讯侦察能力上也优于日军，连美军在侦察方面也曾居于下风。在后人看来，这真是一个让人费解的问题。要回答这个问题，首先还是要从政治上找答案，那就是共产党领导的电台人员在奋斗精神上远远压倒了敌人。

红军在长征中一再从国民党军的包围间隙中钻出，蒋介石起初以为是偶然。1935年4月下旬，中央红军路过云南时，军委二局有一名参谋陈仲山掉队被俘，并且未来得及销毁文件，敌军搜到他身上所带的多份被破译的国民党军电令。云南军阀龙云马上报告蒋介石，国民党军自此才知道自己的密码已被破译。

蒋介石得知红军破译了自己军队的密码后，立即下令各军“多备密码，每日调换使用”。国民党军虽更换了密码，不过反应迟钝，而且换过的密码也有原来的规律可循，军委二局加班加点，对新密码进行研究，很快又将其大部分破译出来。6月间红一、红四方面军会师，红一方面军的部分电台人员调到随红四方面军主力行动的红军总司令部，又增强了那里的电讯工作能力。

1935年8月26日，中共中央和红军前敌总指挥部率领的右路军（由红一方面军第一、第三军和红四方面军第四、第三十军组成）走出草地，到达班佑、巴西地区。此时，蔡威领导的红军总司令部第二局（侦察局）通过破译敌电码侦悉，国民党军胡宗南部第四十九师已向包座疾进，以防堵红军北上。为开辟前进道路，中共中央决心发起包座战役，并根据情报做了精心运筹和周密部署。在包座战役中，红四方面军歼敌第四十九师大部分，使红军在极端困难的情况下得到了补充，并粉碎了敌人把红军困死在草地的图谋，为实现中央的北上战略创造了极为有利的条件。取得包座战役的胜利，蔡威功不可没，毛泽东对此大为称赞。

蔡威在红一、红四方面军分手后随红军总司令部行动，尽管领导人照顾电台人员，在最困难的情况下仍设法拨给大米、白面，蔡威却让人送给病弱的同志吃，自己经常和战友们同吃野菜、草根。他还对电讯的全局工作进行组织指挥，日夜加班从事情侦工作。恶劣的生活环境和长期的劳累工作严重损害了蔡威的健康，第三次过草地前他已患有胃病、肠炎，途中还染上重伤寒病，卧床不起，只能由战士们抬着行军。

朱德总司令和红四方面军的徐向前总指挥、陈昌浩政委首长对蔡威的病情十分重视，不仅一再前来探视，还调来红军中的两个名医傅连暲、苏景观，要求一定要把他治好。可惜当时没有可用的药品，蔡威病情日益严重，有20多天吃不进东西。在生命垂危之际，他仍然惦记着情侦工作，叫来身边的同志拿来小镜子照着自己憔悴的病容说："你看，我的病是不是好多了，再过几天又能工作了吧！"1936年9月22日，当部队走完草地到达甘肃省岷县时，蔡威因伤寒病不治而牺牲，年仅29岁。

徐向前听说蔡威不幸病逝的消息后，立即策马从200多里外的漳县赶回岷县与之告别。在安葬时，朱德总司令亲临现场，红四方面军电台台长王子纲率电台和运输队的全体同志肃立在蔡威的遗体旁。徐向前含着热泪致悼词，高度赞扬了蔡威为党为人民的事业鞠躬尽瘁的一生，称誉他为"无名英雄"，为红四方面军的无线电通讯技术和侦察工作做出了重大贡献。红军总司令部和红四方面军的领导也都感叹，认为我们"失去了一双眼睛"。由于他特殊的绝密工作性质，他的功绩长期没有得到宣扬，直到几十年后蔡威的家乡福建才建起了他的纪念雕像。

红军的无线电技术侦察作为隐蔽战线的重要分支，因其时效性最强，在长征时曾是中共中央唯一的战略情报来源。

当年红军电台有一条基本要求——“人在密码在，人亡密码亡”。遇到危急关头，机要人员首先砸电台毁密码，宁可丧失生命也不能向敌透露那些绝密信息。如中央苏区失陷、红十军团在怀玉山失败、红军西路军失败时，电台人员都是毁掉一切机密，直至牺牲也未泄露，共产党军队的密码从来没有被敌人缴获过。国民党军队被红军成师、成旅建制消灭时，却一再出现电台连同密码一同被俘获的现象，不少电台人员受到教育后还参加了共产党领导的军队。

历史证明，隐蔽战线的交锋，同样是人心向背定胜负。当年国民党军的电台设备先进，指挥和操作人员却昏庸、腐败和愚钝，内部纪律松散。国民党当局也安排了不少电台人员研究截获到的中共密码，可是那些电台人员大多花天酒地，下班便走人，连加班都不肯，因此破译密码的能力很低。而当

油画《长征》反映了当年红军万里远征而未中埋伏，出色的情报工作是重要保障。（蒙古族军旅女画家塔琳托娅作品）

年的共产党人在革命理想的指引下有着惊人的奋斗精神，这些政治优势决定了共产党既能保住自己的电码机密，也能有效地破译敌人的密码。依靠政治信念指导下的奋斗精神，共产党才最终以弱小的力量打败了反动势力，在隐蔽战线上用永不消逝的电波书写出密码战中的动人凯歌。

六 实行统战政策，以团结争取为征途开路

在中国革命的进程中，统一战线是共产党人取得胜利的主要法宝之一。早在大革命期间，中共中央便实行了争取多个阶层共同打击北洋军阀的统一战线政策，迎来了革命力量的大发展。在土地革命战争蓬勃发展的20世纪30年代初，“左”倾教条主义者实行“打倒一切反动派”的过火政策，一味扩大打击面，使南方红色政权处于孤立地位，这也是反“围剿”失败和被迫长征的重要原因。在开始长征和长征途中，以毛泽东、周恩来为首的领导人总结经验教训，积极开展上层统一战线工作并争取一切可以争取的力量，终于团结了可团结的力量，利用了敌对阵营的矛盾，并为形成抗日民族统一战线奠定了基础。

利用蒋粤矛盾，秘密借道突围

红军在国民党重兵包围圈中能够顺利冲出，走上长征之路，打破极左思维，这些都说明实行统一战线政策功不可没。放弃中央根据地虽然是一大悲剧，但红军主力能转移毕竟还是不幸中的大幸。突围的中央红军能顺利从国民党粤军的防线上通过，关键原因又在于周恩来事先派人同广东军阀陈济棠达成了可以借道的秘密协议。可以说，长征走出的第一步，就靠着党的统一战线政策发挥作用。

1931年末，国民党南京政府经过连年的名为“讨逆”、实为新军阀混战的征战，表面上各省军阀对其表示服从，实际上那些“土皇帝”仍保持着割据状态。但各派新军阀对共产党“打土豪、分田地”的土地革命政策都表示恐惧，在“反共”大方向上有着一致性，但在“剿共”中却都要保存实力，甚至要利用红军削弱其他派系的力量，这又为共产党提供了可以利用的矛盾。

自1931年起，王明等“左”倾教条主义者掌握了中央领导权后，以狂热的态度高喊“打倒一切帝国主义”“打倒一切军阀”，不懂得利用反动营垒内部的矛盾。1933年秋，国民党粤系部队第十九路军在福建发动“抗日反蒋事变”，表示愿意同红军联合对付南京政府，如抓住这一时机就可以打破蒋介石的第五次“围剿”。但此刻的中共临时中央在“左”的思想主导下，仍将福建政府视为敌对力量，坐视其遭受蒋介石进攻。蒋介石迅速镇压了“福建事变”后，在中央苏区东部也形成了强固包围，再加上蒋系中央军在北面、西面的不断推进，设在瑞金的中华苏维埃共和国临时中央政府面临的形势日益严峻，只有南面的广东军阀陈济棠部在“围剿”中表现消极。

号称“南天王”的陈济棠，在1927年便参加了“反共政变”，为保持自己的广东地盘又长期反蒋。蒋介石发起对中央苏区的第五次“围剿”时，任命他为“南路总司令”，陈济棠深知这是一石二鸟之计，蒋介石想让他与红军两败俱伤，南京政府坐收渔翁之利。于是，陈济棠借“剿共”之名每月向蒋介石索要60万银圆的作战费，在前线却不肯积极进攻。当时因国民党实行

有“南天王”之称的广东军阀陈济棠，他出于同蒋介石的矛盾，同意为红军突围放开一条路。

严密封锁，位于赣南闽西地区的中央根据地严重缺乏食盐和药物等日用品，陈济棠却同意开放贸易，中央苏区使用当地所产的钨砂同粤军换取急需的物资。在中央苏区的南方战线上，人们经常可以看到粤军不断对天鸣枪，商旅货郎仍挑着担子在双方前沿阵地频繁往来的场面。

1934年夏，毛泽东从瑞金到达会昌前线，写下“战士指看南粤”的词句，同时指示应对粤军进行统战工作，宣传“枪口一致对外”的抗日主张。随后陈济棠也有表示，派高参杨幼敏将3万发子弹送给驻会昌的红军，堪称交战一方送弹药给另一方的奇事。

9月间，陈济棠看到中央苏区形势危急，担心蒋介石“剿共”得手后率大军南下广东，便派出密使到瑞金要求与红军谈判。这时周恩来、朱德鉴于“福建事变”的教训，冲破了以往的教条束缚，认为有必要和谈。此时，中共临时中央已经准备突围，周恩来决定抓住这一难得机会，力争与南线粤军达成协议，为红军主力即将开始的突围开辟一条道路。于是，朱德以红军总司令的名义致信陈济棠，约定好双方秘密谈判的事宜。

陈济棠的密使回粤后，周恩来招来红军粤赣省军区司令员何长工和情报工作负责人潘汉年，要他们代表中央去谈判，希望能达成协议。临行前，周恩来又同

周恩来率领中央红军长征出发时的情景，由于同粤军达成了秘密协议，红军较顺利地通过粤军防区。（沈尧伊作品）

二人约定："如用电报通知你们，'你喂的鸽子飞走了'，你们就赶快回来。我会派一名干部在会昌等你们。"

奉中共中央之命同南京政府谈判的中共代表潘汉年。

10月5日，潘汉年、何长工两人装扮成富商，秘密来到红军与粤军对峙的前沿筠门岭，陈济棠派心腹特务连长严直秘密用轿子迎接。这两位"陈总司令贵客"坐在轿子中，被抬到寻乌县罗塘镇一幢戒备森严的洋房里，与陈济棠的代表、参谋长杨幼敏等人进行秘密谈判。双方谈了三天三夜，最后达成了五项协议：

一、就地停战，取消敌对局面；

二、解除封锁，互相通商；

三、互通情报，用有线电通联；

四、必要时红军可以在陈部的防区设后方医院；

五、必要时可以互相借道，红军有行动事先告诉陈，陈部撤离20公里，红军人员进入陈济棠的防区用陈的护照。

在这次谈判刚开始的10月初，中央苏区面对50万国民党军的第五次"围剿"已陷入极其危险的境地。当时10万红军被挤压到赣南闽西只有7个县的狭小区域。就在蒋介石准备发起最后总攻前夕，中共临时中央决定率中央机关和红军主力五个军团隐蔽跳出包围圈，转移到湘西建立新根据地，同陈济棠谈判达成协议主要就是为了借道突围。

红军同陈济棠的秘密协议达成后，中央红军组成西征野战军8.6万人立即开始突围，谈判刚刚结束，何长工便接到一封写有"鸽子飞走了"的电报。对方代表很狡猾，马上询问他们是不是要突围行动，潘汉年、何长工二人支应了过去。接着，陈济棠派了一个骑兵连，护送潘汉年、何长工到筠门岭以北的木桥边。周恩来派来接应的干部已等候多时，要潘汉年、何长工二人速去于都。他们赶到那里才知道，红军和中央机关已经开始秘密突围长征，大部队昼伏夜行，行进目标是赣粤边境地带陈济棠部设置的防线，以便在蒋介石制订的代号"铁桶计划"的严密包围圈中钻出一个口子。

为了迷惑敌军，中央苏区留下的1.6万人的部队（主要是地方独立团）接替原来各军团在阵地继续防守，瑞金城内的中华苏维埃政府机关在主要领导人离开后的一个月继续办公，《红色中华》报照常出版。主力红军又是在夜间行军离开的，根据地内的普通人都看不出中共中央领导人和大部队已经转移。

中央红军西进后，按照双方“可以互相借道”的协定要通过粤军防线。当时陈济棠因为害怕蒋介石知道自己同红军和谈，对下属未说明借道一事，红军先头部队接近粤军阵地时仍受到阻击，双方发生了战斗。红军伤亡3000余人后，粤军前沿阵地被突破，陈济棠令其部队撤至大余、南雄及粤北一线，这算是履行了协议，其实也是为了保存实力。

当时蒋介石并不清楚中央红军已开始突围，陈济棠却大致摸清了这一行动，因此他秘密向前沿军队下令，只要红军不深入广东境内，就不要主动出击。1934年11月5—8日，突围西进的红军到达粤军守卫的第二道封锁线时，未经激烈交战就顺利通过进入湖南。这样，中央红军长征出发后比较顺利地突破了赣粤湘边境上国民党军筑有大量碉堡的第一道封锁线、第二道封锁线。至此，蒋介石才发现中央苏区内的红军主力已经远去，恼怒之际派出2个纵队8个师追击，接近湘江边时才追上了红军的后卫部队。

中央红军突围西进后，陈济棠认为过去的秘密协议不再有用，为抢夺地盘又向赣南红军留守部队进攻，当项英、陈毅等率中央苏区的红军余部突围进入赣粤边境时，粤军还积极“搜剿”，刘伯坚、阮啸仙、贺昌等领导人都牺牲于粤军之手。这一事实说明，陈济棠出于军阀本性，一切行动都以维护自身利益为出发点，签订的任何协议也只能在对其有利时履行。中央红军突围时正好抓住了陈济棠思想犹豫的一个重要时机，才保障了行动的成功。

反复无常的陈济棠看到共产党领导的南方根据地相继失守后，感到蒋介石是自己的头号威胁。在蒋系中央军主力多已北上或西进追击红军后，他认为“机不可失”，便于1936年6月联合以李宗仁、白崇禧为首的桂系军阀以北

1934年末，集结在广东北部韶关车站的粤军，主要目标是防止红军进入广东。

上抗日为借口，发动了反蒋的“两广事变”，出兵想抢占湖南。蒋介石以调兵施压和收买广东空军的方式很快瓦解了粤系军阀，而西北的红军恰恰抓住这一机会得到发展。红二、红四方面军也利用胡宗南的第一军从川北调往湖南的机会，未受太大拦阻便通过草地进入甘南，陈济棠在客观上又帮了共产党一次忙。

军阀缝隙间巧穿插，避实绕路冲破追堵

当年的红军想取得胜利，主要靠英勇奋战，同时离不开利用国民党新军阀之间的矛盾。在井冈山斗争时，毛泽东就指出：中国红色政权能够存在的一个重要条件，就是白色政权的割据和混战。红军要利用白军的矛盾，就必须开展卓有成效的统战工作，利用国民党新军阀之间的每一个矛盾缝隙。

红军走上长征之路后，基本避开国民党南京政府的直接管辖区，进入地方军阀各自割据一方的区域。虽然蒋介石调动大批嫡系军队追击，又命令各省军阀阻截，红军却总能虎口脱险。国民党追堵红军失败有多方面原因，其内部矛盾被共产党人利用无疑是重要因素之一。长征到达陕北后，毛泽东曾风趣地总结国民党各派新军阀的矛盾是“大狗小狗饱狗饿狗之间的一点特别有趣的争斗，一个不大不小的缺口，一种又痒又痛的矛盾”①。红军正是利用“狗”群中的矛盾缝隙，加上开展有效的统战工作，总能从追堵的缺口中钻出，在军阀林立的西南地区尤其是如此。

在半殖民地半封建的中国社会里，国民党南京政府的所谓“统一”有名无实，尤其是湘、桂、滇、黔、川、康等地的军阀一直与蒋介石同床异梦、互相提防，还经常兵戎相见。红军开始长征后，蒋介石认为共产党的军队已成“流寇”易于消灭，同时也把“追剿”视为扫除异己、扩展势力范围的一次难得机会。他曾对秘书陈布雷说：“川、黔、滇三省各自为政，共军入黔我们就可以跟进去，比我们专为图黔而用兵还好。”

各地军阀慑于蒋介石在新军阀中拥有最强的实力，表面上服从南京政府，实际上却以保全力量为第一考虑。他们既怕红军在自己的地盘落脚建立根据地，又害怕蒋介石施展一石二鸟之计。国民党新军阀之间的明争暗斗，使其围堵红军时不可能达到协调一致，各处封锁线上几乎都有可利用的缝隙。

中央红军利用蒋粤矛盾，从蒋介石布置的“围剿”圈中顺利地突围西

① 毛泽东：《毛泽东选集》第一卷，人民出版社，1991，第148页。

进。当红军远去湘桂黔地区后，陈济棠却假惺惺地通电南京政府“请缨”，声言愿派兵向西南追击。蒋介石当然明白广东军阀意在扩大自身势力范围，马上予以拒绝。

中央红军接近湘桂边界的湘江时，蒋介石一面命令中央军追击，一面要求湖南军阀何键和广西军阀白崇禧截击。何键率军作战比较积极，除了因其家人在湖南农民运动中受过斗争而对共产党有刻骨仇恨之外，还由于他了解到红军想到湘西落脚，这将直接威胁自己的统治基础。有“小诸葛”之称的白崇禧却心怀鬼胎，既想防堵红军入桂又不愿损失实力，同时还要阻止蒋系中央军进入广西。他在湘江上游接近湖南处曾有几天时间不设防，主力摆在拱卫广西腹地的位置，并明确表示：“硬打，没那么蠢。”

桂北防线出现的缺口，为中央红军提供了冲破封锁的难逢良机，如果轻装速进可避免大的损失。然而，当时中共中央领导者未能很好地利用敌人营垒的矛盾，舍不得丢掉“坛坛罐罐”，行动迟缓，结果遭受何键指挥的湘军和蒋系中央军的夹击，桂军也实施了侧击。幸而红军指战员英勇和桂军防线有空隙，中央红军虽折兵严重仍冲了出来，否则后果真是不堪设想。

湘江战役坐失良机，战后毛泽东分析形势，立即向中央建议改变原先到湘西落脚的计划而转兵贵州。中央红军转兵贵州后，何键马上便不服从蒋介石派兵追击的命令，而集中力量对付湘西的红二、红六军团。白崇禧打着“援黔”的旗号要求出兵，实际上意在支援王家烈，以免其遭蒋介石吞并。各派军阀的矛盾在贵州境内迅速凸显，正好为红军摆脱险境提供了机会。

中央红军进入贵州时，省主席王家烈虽是最大的实力派，却不能指挥侯之担、犹国才、蒋在珍三派。王家烈集中兵力守贵阳，黔北的侯之担在乌江防线被突破后为保存实力便放弃遵义，蒋介石派来的薛岳入黔后不追红军而先入省城。这样，中央红军占领遵义后便有了十多天的休整期，消除了出发后连续行军作战两个多月的疲劳，补充了人员和物资。

国民党中央军进入贵阳后，薛岳以“此地无银三百两”的姿态反复声明来黔“纯为剿匪，别无他意”，实际上却派兵接管城防，连王家烈进出城门都需经中央军检查。至此，王家烈叫苦不迭，说“中央军对待贵州，比帝国主义对待殖民地还不如”。随后，蒋介石也亲自飞到贵阳“督剿”，实际控制了省政府。

蒋系中央军与黔军为争地方势力出现尖锐矛盾后，中央红军二渡赤水折回黔北，王家烈以主力防守遵义并向薛岳求救，中央军却故意拖延，意图在红军和黔军两败俱伤后捡便宜。毛泽东指挥红军利用这一矛盾各个击破，首先对王家烈的8个团实施歼灭性打击，接着将迟迟赶到的吴奇伟纵队歼灭了一个半师，蒋介石哀叹此战为“国军追剿以来的奇耻大辱”。

蒋介石在贵州“督剿”屡屡失利，命令云南军阀龙云出兵援黔。早想向贵州扩展势力的龙云虽派出主力，却一直力避同红军打硬仗。中央红军急速进入滇东后，龙云马上下令集中兵力守昆明而不主动出击，这又给了红军从容渡过金沙江北上的时间。

红军北上后，蒋介石离开贵阳，王家烈送他到机场。据李宗仁在回忆录中记述，上飞机后，蒋介石突然对送行的王家烈说：“你随我到南京去！”王家烈闻言大惊，说省政府还有公务要处理，又未带行李。蒋介石说公务可交给别人，行李托后面的飞机带去。无法脱身的王家烈只好到机舱口向随行人员交代一番后随蒋介石去南京。到南京后，蒋介石立即宣布由自己的亲信吴忠信接任贵州省主席。

中央红军长征进入四川时，当地由刘湘等十几个军阀分别统治。刘湘慑于红军声威同意蒋介石派兵入川，同时也哀叹“同红军作战的结果，幸而胜，也是替蒋制造机会，若失败，那更不用说了”。于是，他强调在红军未入川之前就要堵住，把战争推到省外去打。

遵义会议后，毛泽东指挥红军准备进入川南，刘湘认为这威胁到自己的腹地，于是派出最精锐的教导师等部拦截。毛泽东在土城作战失利后，指挥红军二渡赤水再占遵义，川军潘文华部追到遵义，达到了“推到省外”的目的便停步不前。随后，川系各派军阀见蒋介石解决了王家烈，个个心惊，甚至“畏南京军甚于畏红军”。当中央红军渡过金沙江从川康边一带北上时，刘湘便秘密嘱咐部属，如红军停留便打，如不停便放他们走。

当时毛泽东等中共中央领导摸准了川系军阀的这一心理，在沿川康边北上时不深入川军控制的腹地。红军到达大渡河附近时，川东军阀杨森部第二十军奉命前来拦阻。朱德过去曾与杨森长期共事，这时便致信杨森和他率兵的子侄，说明红军只是借路北上，劝其不要让蒋介石坐收渔翁之利。杨森部果然只实施了“送客”式的追击，未主动出击。红一、红四方面军会师后，川军各部只严守成都平原附近而不西进攻击，只剩下蒋介石的嫡系胡宗南的第一军在松潘地区孤立防守。只是后来张国焘实行错误的南下政策，红四方面军接近成都平原的西部百丈关时，川军才集中力量反扑，红军一旦西撤向藏区就停止追击。

红二、红六军团长征通过贵州、云南时，任弼时、贺龙也通过各种关系向滇军和当地实力派写信，劝其不要为蒋介石卖命而牺牲自身，结果在前来围攻的敌军中只有蒋系中央军行动积极，滇军基本采取观望避战态度，这又为红二、红六军团保全了力量北上。

红军三大主力在两年的征途中，冲破了国民党中央军、粤军、湘军、桂军、黔军、滇军、川军、东北军、西北军、马家军等派系共数十万大军的防线。从国民党军围追堵截连连失败的过程中，人们可以看出，“战争是政治的继续”。正是以蒋介石为首的国民党新军阀统治的腐朽和内部分裂，才导致其军事指挥、协调、部署漏洞百出。中国共产党人领导长征取得胜利，最根本的保证是政治优势，当然也离不开成功地利用矛盾和实施统战政策。

落脚陕甘多方统战，确保长征最后胜利

1935年秋，中央红军长征到达陕北，毛泽东等中央领导人决定把当地作为革命的大本营。此时陕甘苏区只有40余万人口，土地贫瘠，全年无霜期只有五个月，几无余粮，难以供养较多部队。红军如向南面相对富庶的关中平原发展，又势必同东北军、西北军发生冲突，为扩大抗日宣传和补充给养便先后东征山西、西征宁夏。不过这种出征与放弃苏区长征不同，是将陕甘根据地当成后方，伤病员可以后送安置，全军形成可进可退的有利态势。

决定了向外发展的方针后，中共中央又将红一方面军的发展方向确定为黄河以东的山西和绥远。当时山西民间财力物力较为丰厚，统治当地的军阀阎锡山号称有10万晋绥军，兵力却不集中，也缺乏同红军作战的经验。此时全国抗日高潮兴起，向山西发展还能跃出到河北、绥远，可实现直接同日军作战、“打通抗日路线”的战略目的。东征出发时，毛泽东亲自率部队前往，周恩来则在陕北留守。

1936年2月20日，红一方面军突破了晋绥军的黄河防线，高举着抗日红军的旗帜进入山西。红一、红十五军团的主力分南北两线展开，占领了晋南和晋西的广大地区，一部甚至打到了离太原几十里的晋祠，省城内一时可闻炮声，阎锡山及其手下官员们风声鹤唳，草木皆兵，在太原绥靖公署的大门前都堆起了沙袋并架起了机枪。

阎锡山统治山西多年，一向闭关自守，连铁路也修成窄轨。面对红军的凌厉攻势，他情急之下只好向蒋介石求援。蒋介石得此良机，当即派出10个

师由商震、汤恩伯率领分两路进入山西。毛泽东见原定经营山西并寻机进军河北的战略设想已无法实现，为了保存力量并利用蒋介石和阎锡山的矛盾，中央决定“逼蒋抗日、回师西渡”，于5月初将东征红军全部撤离山西。此次东征山西期间，红军缴获各种枪4000多支、火炮20余门，扩大红军8000余名，筹款50万元，收获也颇为可观。

红军撤回陕北时，又通过多种途径劝说阎锡山停止内战并同共产党合作抗日。山西军阀阎锡山狡猾多变，擅长投机和利用矛盾。他在红军东征山西时请来蒋介石的救兵，却“请神容易送神难”，这些中央军赖在山西迟迟不走，一时成了阎锡山面临的最大威胁。他曾说：“我不亡于共，也要亡于蒋了。”

此时，日本侵略者策划“华北事变”后又软硬兼施，一面极力拉阎锡山当汉奸，一面又扬言出兵外蒙古须借道绥远，公开以武力相威胁。夹在蒋介石、日本侵略者和共产党这三种力量中间，阎锡山感到四面楚歌，自认为有如在三个鸡蛋上跳舞，既不可失神掉下，又不能踩碎一个！

在阎锡山为难时，中共中央及时向他开展了工作，同时向北方党组织指出：阎锡山等华北地区实力派人物，“一有机会，即须接洽。统一战线以各派军队为第一位，千万注意”。毛泽东还派彭雪枫秘密去太原见阎锡山，双方虽然没有完全议定合作事宜，但却停止了战事，陕甘苏区的东部也得到安宁而可以专心西征。

瓦窑堡会议后，中共中央政策实行大转变，对西南军阀的争取工作也收到重大成果。刚刚对长征中的红军进行拦截并与之交锋的四川、广西军阀，此时出于同蒋介石的矛盾和自保需要，开始同共产党建立统战关系，刘湘更是一个典型的代表。

刘湘在四川各派军阀混战中成为最强的实力派，对川北的红四方面军和进入川南的红一方面军都采取过攻势。不过在中央红军北上、红四方面军西去藏区后，蒋系中央军抢夺省内控制权，刘湘的省政府从重庆被赶到成都，蒋介石派来的重庆行营、参谋团完全控制了西南最大的工商业中心渝都。在这种形势下，刘湘认为自己最大的对手是蒋介石。1936年，中央地下组织派遣张曙时到四川从事统战工作，向刘湘说明了中共中央实行的抗日民族统一战线新政策。此时，刘湘认为共产党可以帮助他抗衡蒋介石，马上表示愿意秘密合作抗日，还提出了“联共、反蒋、民主、抗日”的原则。同年6月，陈济棠、李宗仁发动反蒋抗日的“两广事变”，刘湘暗中调兵遣将配合。红

二、红四方面军北上过草地时，川军也未派兵进行拦截。刘湘为了向中共表示合作诚意，还分四次向陕北苏区送去10万元作为资助。

同蒋介石合作发动“四一二”反革命政变的广西军阀，过去“剿共”积极却侧重自保。当得知共产党实行新政策时，李宗仁、白崇禧也马上派人来接触，他们联合陈济棠发动的“两广事变”吸引了蒋介石的主要兵力，在客观上帮助了红军三大主力会师。

这样，在红军结束长征之时，国内地方实力派多数已同共产党有了秘密联系，彼日之敌化作了此时之友，这就为随后实现国内和平和建立抗日民族统一战线创造了条件。

“国军中将”随同长征，长衫秀才跟到陕北

中国共产党实行统一战线政策的目的，用通俗的话讲，就是把我们的朋友搞得多多的，把敌人孤立得少少的。在长征途中，红军已经开始纠正过去高喊“打倒一切反动派”的极左政策，也注意团结争取过去同自己对立的一些上层人士，以减少敌对势力，甚至能化敌为友。

在红二方面军长征的队伍里，就有着两个颇为特殊的党外人士。其中一个是骑着淡红色大骡子的张振汉，长征前是刚被俘虏的国民党中将纵队司令。另一个是穿着老秀才式长衫的长者周素园，已57岁，曾是清朝贡生并担任过旧贵州省政府秘书长。他们二人在红军中历经艰苦，与过去所过的优裕生活简直不可同日而语，却能行军万里一直跟随到陕北，并从此成为共产党人的忠实朋友。

跟随红二方面军队伍长征的“国军中将”张振汉，是在长征前几个月“剿共”作战时被俘的。1935年春夏之际，留在湘西的红二、红六军团为牵制湖南军阀的主力以配合中央红军长征，同国民党军展开了激战。6月间，红军在湘鄂交界处的忠堡镇埋伏，一举消灭了国民党军第四十一师并活捉了纵队司令兼该师师长张振汉。这个人是炮兵出身，受过军校教育，除了指挥本师兵力还管辖新三旅、湖北保安师等。张振汉在“进剿”前扬言“要亲手抓住贺龙”，当了俘虏后被送到指挥部，贺龙亲自给他端了一杯开水并笑问道：“张师长，是你抓我，还是我抓你？”张振汉恐慌万分，以为肯定性命不保。

土地革命战争期间，红军对国民党下级官兵一向优待，不过因受“左”

跟随红军长征的国民党军中将张振汉。

的影响，也处决过一些俘获的高级官员，如在第一次反“围剿”中俘虏的中将张辉瓒等。此次任弼时、贺龙率部俘虏了张振汉后，决定采取优待政策，争取他为红军服务。红军围攻龙山据点时虽有缴获的山炮却不会放，贺龙便让张振汉去调整炮位开了两炮，结果打开了城门。红六军团军团长萧克兼红军学校校长时，校内有800名学员却缺少教员。他见张振汉军事技术水平高，便安排这位俘虏官来任教。有人质问说：“打败仗的人怎么教打胜仗的？”萧克回答说：“军事技术没有阶级性，一般战术原则，如行军、组织战斗、协同动作以及利用地形地物等都是军事科学，不管红军、白军都要用。”张振汉当教员后授课认真，还列举同红军打仗的战例，从反面说明了国民党为什么失败，学员很受启发。

1935年11月，红二、红六军团开始长征前，张振汉向贺龙、任弼时介绍了国民党军的薄弱环节，对于部队突围方向的选择起到了一定参考作用。长征途中，领导为照顾张振汉，专门给他配一头骡子，还派几个战士陪同。过雪山时，张振汉从骡子上滚下山去，战士寻到谷底才把他找到。张振汉跌得奄奄一息，鲜血直淌，腿部出现骨折，战士急救包扎后又用担架抬着他继续往上爬。雪山上空气稀薄，抬他的战士走几步就要停下来喘几口气，张振汉这个铁石心肠的军人此时也流下了感激的眼泪。

红军过草地时，粮食比金子还宝贵，看护张振汉的战士宁可自己挨饿，也要把得来不易的一点干粮省给张振汉吃。这位过去养尊处优的国民党中将，经过在红军队伍中生活的锻炼，灵魂受到触动，也能忍受艰苦。通过长征，张振汉真正认识到国共两党军队的根本区别，并认识到共产党才是振兴民族的希望。到达延安后，他提出把妻子接来安家，由过去害怕被杀而勉强为红军服务变成了自觉积极工作。

全面抗战开始后，中共中央以各种途径对国民党军队进行统战工作，毛泽东专门找张振汉谈话，劝他回到国统区。毛泽东说，过去不放他，是怕他回去后人身安全没保证。现在国内实现和平，他回去后国民党也不会对他怎么样。

经过劝说，当过两年红军学校教员并经历了长征全程的张振汉惜别了延安。他回到国民党军队后一度受到蒋介石追究，经许多同僚力保才得以幸免。此后他虽再不受重用，却以自身经历向过去的同事有力地说明了共产党争取合作抗战的诚意和优待俘虏的政策，在国民党军队内部产生了良好的影响。后来解放军南下时，张振汉多方奔走，讲述共产党的政策，劝说湖南当局起义，为和平解放长沙做出了贡献。新中国成立后，他以党外民主人士的身份担任了长沙市副市长，到北京开会时萧克等人还请他吃饭，昔日战场的对手早已成了在长征中共过患难的老朋友。

红二、红六军团长征到达贵州毕节时，遇到了一位特殊的开明绅士周素园。部队进城当晚，按照惯例选择富户“打土豪”，周素园颇为引人注目的住宅也在其中。不过当准备执行没收任务的红军指战员进去后，发现宅子里的书架上摆了许多马列主义的书，大感奇怪，随即向红六军团政委王震做了汇报。王震马上派人调查，得知周素园在当地老百姓中口碑很好，于是第二天就去拜会，并如数退还了他家被搜走的财物。

红军经过了解，知道周素园（名培艺）出身于晚清一个书香门第家庭，中过秀才、贡生。他参加过辛亥革命，曾任贵州军政府的行政总理、云贵川总司令部秘书长、政务厅长和省政府秘书长等要职。周素园出于正义感，看透了军阀官场的黑暗，愤然脱离政界赋闲在家十年。此间他听说过共产党的一些主张，便设法购来一些马列著作进行研究，被人戏称为“红色秀才”。红二、红六军团到达毕节时，城里的土豪劣绅闻风而逃，周素园却留下不走，仔细观察这支队伍的情况。看到红军严明的军纪，周素园非常佩服，加上同红军领导人反复交谈，他深深地为他们介绍的救国救民和抗日的主张所感动。他同意出面组织贵州抗日救国军，自任司令，具体工作由共产党管辖，很快发展了一支下辖三个支队约3000人的武装。在这位地方名人的影响下，当地一大批开明的上层人士也表示支持红军，许多青年积极参军。

周素园

周素园还利用旧日的关系，分别向云贵川的军阀写信，劝说他们不要进攻红军而保持中立，以免中了蒋介石的一石二鸟之计。他过去很熟悉的云南军阀头领龙云、孙渡接信后虽没有回复，实际内心也受到触动，随后对红军确实没有积极出兵拦阻。

1936年3月初，红二、红六军团离开毕节。任弼时、贺龙、萧克、王震等领导人考虑到周素园的安全和身体情况，表示愿意出些钱让他去香港暂避，并做一些抗日统一战线工作。周素园却表示说：“我在黑暗社会里摸索了几十年，想为中国做些贡献却到处碰壁。现在参加了红军，才找到了光明。我周素园就是死也要死在红军里！”王震把这些话告诉了贺龙，贺龙听了一拍大腿说：“我就欣赏这种人，即使抬也要把他抬走！”

随后，一个穿着旧书生长衫的特殊人物便出现在红二、红六军团的队伍中。由于周素园此时年纪已大，过去也没有徒步行军的锻炼，征途中屡屡生病，两腿有时流着脓水，生活不能自理。部队为了照顾他，专门派人来抬担架，贺龙和萧克的夫人还经常帮他换洗衣服和绑带，使他终于能随军到达陕北。毛泽东得知周素园坚持随军长征的事迹，对此极为称赞，致信称他是“我们的一个十分亲切而又可敬的朋友与革命同志”。

周素园到延安后一直患病不愈，当地治疗条件又很差。他自感年老体弱，于是写了一封信给毛泽东，表示不想再拖累共产党组织，不想“坐享优待”，而想回毕节老家去。毛泽东同意这一请求，并在临行前专门请周素园吃了一顿饭，赠送了旅费，嘱咐他回到西南除养病外还可开展统战工作。毛泽东特别表示，“先生虽然不是一个共产党员，但是你是一个红军，是一个奋斗的人，是我们党最亲密的朋友”。周素园随即回赠自己写的自传和临别赠言，毛泽东看后欣喜而感慨地说：“先生参加红军前的历史已经很光荣了。以后的历史应该由我们来给你写。”

中共中央在周素园回西南时，专门委以“八路军高级参议”的身份。他携带着毛泽东、朱德致西南各地军政要员的亲笔函，到重庆、成都、昆明、贵阳等地向国民党当局的许多要人剀切陈词，宣传共产党抗日民族统一战线的政策。周素园回乡后，虽受到特务监视，但仍利用过去在政界和乡间的影响，开展对上层的宣传，并动员当地知识青年奔赴延安，还为八路军募得大量药品和其他急需物资，并设法捎去。解放战争期间，他同共产党组织继续保持着秘密联系，并在新中国成立后出任了西南军政委员会委员和贵州省人民政府副主席。

像张振汉、周素园这样的人也能参加红军的长征，这生动地说明了中国革命事业的正义性对旧营垒中的上层也产生了巨大的感召力。他们二人同出身贫苦的广大指战员完全不同，都属旧社会的上层人士。如张振汉担任过国民党军中将，周素园担任过省政府要员，最终他们却能茹苦含辛，跟随红军走完了艰苦的万里长征全程，这确是一个惊人的奇迹。历史证明，中国共产党领导的军队代表着正义，是民族的希望，因而不仅能够唤起亿万工农大众，也能感化旧社会上层人士敌军阵营中许多有良知的人。红军长征乃至整个中国革命战争必胜，从这一点上也能充分体现出来。

同蒋介石政权以打谈结合促进国内和平

红一方面军长征到达陕北，红二、红四方面军西部转战，日本帝国主义又加紧了入侵，这使蒋介石看到难于用武力消灭共产党，在准备抗日的同时也试探同中共进行谈判。中共中央看到形势的变化，除了广泛开展对国民党各地方实力派的统战工作外，也对南京政府进行了政治争取。

“九一八事变”之后，由于国民党南京政府对日本实行不抵抗政策，中国共产党高呼的口号是“反蒋抗日”，蒋介石则叫嚷“攘外必先安内”。1935年“华北事变”后，因日本入侵威胁到南京政府及其后台英美的根本利益，蒋介石对日本的态度开始强硬，共产国际也提出建立反法西斯统一战线，国共双方谈判才有了基本前提。

1935年12月中旬，刚到达陕北的中共中央在瓦窑堡召开政治局扩大会议，决定争取团结国内各阶层一致抗日。此时因蒋介石仍在“剿共”，中共中央没有改变“反蒋抗日”口号，不过已开始采取争取策略。12月9日，《救国时报》刊载中共驻莫斯科共产国际代表团所拟的中共宣言，将传统的“蒋贼”之称改为“南京蒋总司令”，并希望他的军队“马上停止内战，枪口一致对外”。对蒋介石称谓的改变，实际上传递了一个重要的政治信息。

蒋介石看到中共传递的信息，马上做出了反应，即在多年“剿共”不能成功后试探一下和平解决方式。1936年1月22日，蒋介石在南京接见了苏联驻华大使鲍格莫洛夫，询问在莫斯科的中共代表团是不是确有谈判意愿。这位大使做出肯定答复后，蒋介石马上通知他的心腹、驻苏大使馆武官邓文仪接触中共驻莫斯科共产国际代表团。潘汉年、王明先后会见了邓文仪，表示愿意和谈，又说中共中央在国内，谈判应在国内进行。

接到邓文仪的报告后，不愿公开放弃“剿共”立场的蒋介石决定以中间人牵线方式进行接触试探。他知道自己的妻姐、孙中山夫人宋庆龄同中共有密切关系，便派妻兄宋子文去传达愿意谈判之意。此时宋庆龄正在为团结各党派一致抗战而努力，马上推荐有“红色牧师”之称的董健吾去陕北。董健吾出发前，蒋介石交代了与中共谈判的条件，即共产党可以合法身份参加政治活动，红军编入国防军到抗日前线。宋庆龄又交给董健吾一大包云南白药，因为她听说红军缺乏止血药，托他带到陕北，这突出体现了她对共产党人的深厚情谊。

1936年2月下旬，董健吾到达陕北。这时率红军东征山西的毛泽东得知此事，于3月4日回电表示“十分欢迎南京当局觉悟与明智的表示，为联合全国力量抗日救国，弟等愿与南京当局开始具体实际之谈判”。毛泽东还提出“停止内战”“组织国防政府与抗日联军”等五项条件。蒋介石却只想收编红军，不同意政府改组和组织“联军”，双方条件的差距很大。5月间，中共中央结束东征后召开会议，决定“逼蒋抗日”，在政策上有了重大改变。除了在西北地区对张学良、杨虎城、阎锡山等进行争取，中共中央还通知尚在长征中的红二、红四方面军不要公开提“打倒中央军”及其他任何中国军队的口号。这样，在红一、红二、红四方面军会师时，只有蒋系胡宗南部积极进攻红军，国民党其他派系军阀大都不愿再打内战。

国民党当局伸出和谈触角后，1936年初至8月间中共中央秘密派出代表周小舟四次进南京，同国民党代表曾养甫商谈和平条件。8月间，周小舟到陕北汇报，毛泽东因非常喜欢这位精明的年仅24岁的同乡，便留下他当了秘书。

1936年6月间，广东军阀陈济棠联合李宗仁的桂系以“北上抗日”为口号，发动反蒋的“两广事变”，进兵湖南。蒋介石为稳住西北，对共产党的谈判态度一时积极起来。此前驻在川陕甘边的胡宗南部第一军有30多个团，兵力超过6万人，是国民党军装备最好的德械部队。事变发生后该部调往湖南，西北红军所受的压力减轻，红二、红四方面军未遇拦阻便通过草地进入甘南。当时中共中央决定联合东北军、西北军形成“西北大联合”局面，并打通与苏联的通道取得援助，再以实力地位争取建立全国抗日联合政府。

蒋介石解决了陈济棠并迫使桂系妥协后，对共产党的谈判态度又强硬起来，于9月间将胡宗南部第一军调回西安。10月间，红军三大主力会师时，胡宗南、关麟征部等国民党中央军精锐紧追过来并展开猛攻。国民党空军还将100余架战斗机（占其作战飞机半数）调到西安、洛阳机场，以轰炸扫射掩护地面部队推进。

在蒋介石展开军事进攻之际，11月10日，中共中央派出潘汉年到上海沧州饭店谈判。国民党代表陈立夫传达了蒋介石的意见：“对立的政权与军队必须取消，中共军队最多只能编三千人至五千人，师以上干部一律解职出洋，半年后如回国，量才录用。”听到这一苛刻条件，潘汉年马上回答：“这是蒋先生站在‘剿共’立场上收编红军的条件，不能说是合作抗日的谈判条件。”毛泽东得知此事后，于11月18日发布了“决战动员令”，号召三个方面军的部队联合粉碎蒋介石的进攻。

鉴于只有打击胡宗南部才能粉碎蒋介石消灭红军的图谋，中共中央军委指示部队采取诱敌深入的方式，集中三个方面军于11月21日消灭了胡宗南部孤军深入山城堡的丁德隆师一个旅，增援的一旅亦被红军击溃。胡宗南部锐气大挫后被迫收缩，红军和东北军则受到鼓舞。

山城堡一战，显示了红军的战斗力。此时张学良秘密向中共中央发来贺电，又表示说，胡宗南也不过一血性军人，对其不宜一味硬打，给以教训后亦应施以政治攻势。毛泽东对此表示同意，复电称：“对胡宗南正用一切方法争取之，彼不再进决不打他，仅在彼向盐池进攻时准备消灭其一两个师，但打后仍采取统一战线政策。”

果然，蒋介石在秘密谈判中的条件很快有了改变。12月初，陈立夫紧急电召在上海的潘汉年再去南京谈判，见面即说明：“蒋先生已做出重要

表现“西安事变”的浮雕，这一事件改变了中国历史的进程，促成了全国抗战局面。

油画《延安南门》表现了1937年内战停止后延安城门刷上的抗战标语，表达了中共团结抗战的要求。（张庆涛作品）

让步，不再坚持收编红军和师长以上干部出洋、半年后回国量才录用等条件，同意收编红军，人数限制在3万以内。”当时中共中央表示仍不能接受这一条件，并制订了再以新的军事打击迫蒋妥协的计划。“西安事变”爆发前两天，毛泽东在致潘汉年的电报中明确说明：“我们愿以战争求和平，绝对不作无原则的让步。”事实证明，向对手显示出战斗实力是使其让步的最基本条件。

正当蒋介石再度赶到西安“督剿”，中共中央准备率红军东进山西时，1936年12月12日爆发了张学良、杨虎城以“兵谏”扣留蒋介石的“西安事变”，迫使其同意停止内战一致抗日。至此，在陕北的中共中央也决定停止下一步的东征计划，国共两党终于走向合作抗日。

红军长征结束前后，国共两党进行频繁谈判却迟迟达不成停战协议，关键原因是蒋介石想以对付旧军阀的收编方式吃掉红军，不同意建立合作抗日关系。蒋介石出于长期“剿共”不成功、国民党内又要求一致对外的无奈，才最终同意停止内战，而绝不是内心发了慈悲。当年中国共产党人开展统战工作的成功，恰恰也是以红军的坚强战斗力作为基础的。

七 万里长征，巾帼英雄

长征有数千名女红军战士参加，她们用鲜血和生命谱写了一曲撼天动地的人生之歌，创造了中国乃至世界妇女运动史上的奇迹。马克思主义认为，妇女的解放是社会解放的标志。长征中的女红军在漫漫征途中忍受了种种艰辛，经历了难以想象的劫难，这也正显示出中国妇女在长期的封建主义压迫下追求自身解放的奋斗精神。她们以巾帼不让须眉的奋斗精神，显示出女中豪杰的英姿，是红军长征史上的重要篇章。

油画《不愿做奴隶的人们》生动地表现了为自身解放而参加红军的劳动妇女的形象。（张大中作品）

有多少女红军参加了长征?

中国工农红军的长征是一部可歌可泣的英雄史诗，谱写这部史诗的不仅有中华优秀男儿，还有女性的杰出代表。在四路参加长征的红军中，女同志的数量如下：

在中央红军即红一方面军中，共32名女干部跟随部队走上长征路。

在红二、红六军团即后来的红二方面军中，共有21名女同志。

在红四方面军中的女同志最多，长征开始时有2500余人，途中又有新吸收的成员。

在红二十五军中共有7人。

1934年10月中旬，中央红军共8.6万人开始长征，其中有2万余名中央机关的随军干部、挑夫和勤杂人员。在出发前，中央苏区的机关、医院、文工团有大量妇女干部和工作人员，中共临时中央考虑到行军的困难只批准极少数人随军。其中除了几位中央主要领导的夫人外，其他人都通过了严格的体检和政治审查，确认身体健壮、政治坚定才允许参加长征。未参加长征的女同志，都留在了中央苏区坚持斗争。

后来有人认为被批准参加长征（开始认为是“西征”）是幸运的，但其实当时参加远征被认为是一件非常艰险的事。当然，留下的人面临敌重兵“围剿”也凶险万分，是福是祸谁也不能未卜先知。

考虑到女同志长途行军有生理上的困难，中共临时中央在内部规定参加者要具备三个条件：第一，必须是共产党员，思想政治上绝对可靠；第二，必须有独立工作的能力，会做群众工作；第三，身体强壮，能适应艰苦的环境。符合前两个条件的女性，就会接到去中央苏区医院体检的通知。

据回忆，出发前仅有100多位女红军拿到了体检通知，经过医生严格的听诊、验血、照X光等一系列检查，身体最终合格的只有20人。另外没有经过体检就直接列入名单的女性，是指挥长征的党政军领导的配偶。

未经体检的这些女干部能随军，在某种意义上自然是沾了丈夫的光，不过她们也有必走的原因——她们担任着比较重要的职务，如邓颖超时任中央局秘书长，蔡畅是江西省工农监察委员会主席，刘群先是中华全国总工会女工部长，金维映是军委武装总动员部副部长，陈慧清是闽粤省委书记，贺子珍是军委的机要秘书。她们需要照顾担负重要职责的丈夫，自然也是中央考虑的原因。

长征出发前，毛泽东的夫人贺子珍已经怀孕却未告诉别人，而是随军出发。周恩来的夫人邓颖超患有肺病经常咯血，却担任妇女领导工作。她为不给部队增加麻烦，曾提出留在中央苏区，中共临时中央还是决定让她随周恩来行动。

最后，能跟随中央红军出发的女干部名单是：蔡畅、邓颖超、康克清、贺子珍、刘英、刘群先、李坚真、李伯钊、钱希均、陈慧清、廖似光、谢飞、周越华、邓六金、金维映、危拱之、王泉媛、李桂英、甘棠、危秀英、谢小梅、钟月林、吴富莲、杨厚珍、肖月华、李建华、曾玉、刘彩香、丘一涵、吴仲廉、彭儒、黄长娇。这些人中除几个人中途因病退出长征或在途中转做地方工作外，都随部队长征到达了陕北。

在中央军委出发后，1934年11月红二十五军也告别了大别山区，实行战略转移，开始了一次“小长征”。该军从鄂豫皖出发参加长征的近3000人

油画《红星照耀中国》描绘了经过长征到达陕北后的女红军形象。前排左起为贺子珍、康克清、海伦、邓颖超、史沫特莱、刘群先。（沈嘉蔚作品）

中，只有随军医院的周东屏等7名护士是女同志，人称“七仙女”。在艰难的征途中，不断有部队领导劝她们回家，这7人却全都坚决地留下来，最终都到达了陕北。 1935年11月，任弼时、贺龙率领红二、红六军团离开湘西开始长征，李贞、陈琮英、陈罗英、马忆湘、周雪林、蹇先任、蹇先佛、曾纪林等21名女红军随部队出征。她们没有单独编队，也没有统一的组织，却都经受住了严峻考验到达了陕甘宁革命根据地。如红六军团出发时，担任组织部部长的李贞已经怀孕三个月。她谢绝了领导的关心，坚决要求随军出征。长征中艰苦的生活给她留下了终生遗憾：没有留下孩子且再不能生育。李贞英勇奋斗的功绩，又使她成为新中国首次授军衔时唯一的女将军。

参加长征的女红军，红四方面军最多。1935年春天，部队突破嘉陵江西进时，因采取“大搬家”式的方法，将原来川陕苏区红军和地方政府的女同志2000多人都带着随军行动，包括妇女工兵营、方面军总医院、剧团、妇女独立团和妇女学校等单位。其中妇女独立团人数最多，约1200人，随后还将这些妇女编成妇女独立师。红四方面军到达川西北后反复转战，人数增减幅度较大。1936年2月，妇女独立师在翻越党岭山时减员最多，到甘孜时仅剩下1000多人，不得不恢复独立团的建制。后来红四方面军沿途又吸收了一些妇女（包括少数民族妇女），到达陕甘宁时又有1300人被编成妇女先锋团，随西路军西征，在河西走廊血战覆没。红四方面军的女同志，最后只有约400人

油画《万水千山》表现了红军女战士过雪山的场景。（崔泉溪作品）

到达陕北。因人数众多、牺牲太大，她们的名字已无法一一列举出，而且有的女红军根本没有留下名字。

在红四方面军长征的妇女队伍中，还有几个来自红一方面军的人，如调到妇女先锋团任团长、政委的王泉媛、吴富莲，还有帮助红四方面军组织文艺工作的李伯钊等。她们不仅成为三过草地的女红军，而且长征的时间长达两年，走的路也比红一方面军主力多了一万里，她们可以说是走了三万多里长征的女红军。

红军中唯一参战的妇女部队

在万里征途上，女性要克服更大的困难，她们在艰难环境中显示出英勇顽强的精神，多数人不仅能随部队行动，而且还参加战斗。

中央红军中的女性不多，没有多少机会直接参战。不过她们还是学习了刺杀、射击等本领。如朱德在井冈山突围后所娶的妻子康克清，曾参加过井冈山斗争，在红军中有“女司令”的威名。毕业于瑞金红军学校的她原本打算领兵打仗，组织上却让她留在朱德身边，负责起朱德的保卫任务，因为她还是个身经百战的神枪手。

1935年初，红军一渡赤水前的土城之战，打得十分惨烈，情况紧急时连作为火种保留的军委干部团也投入了战斗，总司令朱德也亲临火线指挥，康克清也参加战斗。当时天正下着雨，道路泥泞不堪，在地势狭窄的山坡上，身为司令部直属队指导员的康克清掩护部队撤退。面对子弹呼啸着从头上掠过，康克清拼命射击，最后子弹打光了，她奋力冲出才免于被俘，连自己的背包也弃之敌手。

油画描绘了红军女干部的形象。（李雷作品）

红军中只有红四方

面军建立了妇女部队，这也是由川北特殊的民情决定的。1933年初红四方面军从鄂豫皖突围进入四川，首先进入通江县，发现当地军阀在各自的防区里横征暴敛，还强迫人民大量种植罂粟，以缴大烟土代替赋税。大量种植罂粟的恶果是，当地男人大批吸毒，农业、手工业劳动主要由不抽鸦片的妇女承担，当地都称“要吃通江饭，婆娘打前站”。红军宣传打倒军阀、斗争土豪和动员参军时，不少妇女踊跃参加，而且她们还特别能吃苦耐劳。

由于有不少川北女性自愿参军，1933年红四方面军首先建立了通江县妇女独立营，翌年扩编成独立团。指挥这支队伍的，是留学苏联归国的张琴秋。她是红军作战部队中担任最高职务的女性，曾参加过五四运动，后来留学莫斯科中山大学，人称“通晓五国文字”的能文能武的传奇人物。张琴秋在莫斯科中山大学时，便预见到回国可能会带兵，不仅在校内的队列训练中非常认真，还同男人一样在夏季去搞野战演练，从摸爬滚打一直学到连、营、团的战术指挥。她到红四方面军后，就担任了彭（湃）杨（殷）军校政治部主任，早操集合时身着灰军装扎着绑腿，非常标准的军人姿态和响亮的口令使大家感到惊叹。红四方面军进入川陕时，张琴秋曾担任政治部主任，还是中共西北局成员中唯一的一位女性，后因反对张国焘的错误遭受打击报复，被调任总医院政治部主任。

在川陕苏区反“围攻”时，有一次川军一个团从小路包抄到红四方面军总医院附近，张琴秋身边只有地方武装妇女独立营500人和医院保卫科的几十个男同志。她却沉着地根据山高谷狭的地形安排了一个包围阵，截断敌首尾，再以宣传攻势引起敌内乱，最后率领妇女独立营冲下去缴了全团敌军的械。此事很快在全川传扬，《蜀笑通讯》和《中国论坛》都登载了“五百农妇缴一团”的奇闻。

妇女独立营因其辉煌的战绩而获得全军敬佩，后来扩编为独立团。1935年4月，红四方面军西渡嘉陵江开始长征后，独立团在强渡嘉陵江的战役中参加了攻打剑门关的战斗，激战两昼夜。作战的时候女红军用乌泥涂黑脸，剪掉长发，以防被敌人发现是女兵，最后取得了重大战果。接着，红四方面军总供给部下属的妇女工兵营、粮食局、被服厂、军医院、运输队和总政下属的剧团、宣传队都并入这个独立团，部队扩编为独立师，共有2500多人，由“能文能武，不下马可以写文章”的女能人张琴秋担任师长。

妇女独立师组建后，因张国焘推行错误的南下路线，红四方面军进入荒凉的川康边区，女战士担负着保卫机关、制作被服、运输物资、医治伤员、发动群众、建立地方政权、培养妇女干部等多项任务。1936年初，因部队在川西难以立足，被迫翻越党岭山向西进入藏区时，妇女独立师担任了为大部队清除路上积雪的开路任务。在空气稀薄的雪山上，常人行走连呼吸都感觉困难，这些女同志在路上吃力地铲雪清路，更激发了部队指战员奋发前进的斗志。

川康边地区自然条件恶劣，供给极为困难，加上经常日夜不停地行军转战，对生理特点不同的女同志更是严峻的考验，许多人在雪山、草地和藏区荒野掉队甚至失去了生命。担负保障任务的女战士还要经常分散出去筹粮，结果常遭反动武装袭击，不少人牺牲或被劫走。妇女独立师因减员接近一半，又缩编为独立团，后来北上时吸收了一些当地人。

1936年秋突破腊子口之战，是独立团付出较大牺牲的一场战斗。敌人在30米宽的山口上部署了一个营的兵力，又有100多名藏族土司骑兵尾追，独立团的女战士和红四方面军总卫生部的500多名伤病员被堵在峡谷之中。这时，一个连的女红军身背大刀，手握步枪，向敌人发起进攻以打开通路。经过这次血战，红军伤病员安全通过腊子口，女战士则牺牲了70多人，其中大部分人连姓名也没留下。

如今的腊子口，前面矗立着纪念碑。

红军三大主力会师结束长征时，一部分部队组成西路军渡黄河西进，妇女独立团的1300多人进入河西，团长和政委分别由来自红一方面军的王泉媛和吴富莲担任，已任西路军政治部组织部部长的张琴秋也随部队西征。这个团在河西走廊血战五个月，最后全团覆没，其成员大部分牺牲或被俘，有些人从此漂泊流离历经苦难。张琴秋在突围时被俘，被马步芳解送到南京邀功。全面抗战开始后，在周恩来出面营救下，她才最终回到了延安。

红四方面军妇女独立师和独立团的女同志浴血奋战和牺牲，在中华妇女解放运动史上和长征史上都留下了光辉的篇章。不过红四方面军在长征中组建妇女部队，毕竟是当时特殊环境下的一个特例。全面抗战开始后，中央军委根据红军时期的经验教训，指示不要再建立单独的妇女部队（应该说这是适合女性特点及残酷战争环境的规定），红军时期的女兵作战建制单位在人民军队历史上成了空前绝后的篇章。以往的组织形式虽然不再，但当年那些女战士英勇战斗的无畏精神却传给了人民军队后来的女战士。

长征途中的妇女武装宣传队

红军进行的万里长征，在很大程度上也是历史上盛大的武装巡回宣传。长征经过的地区有2亿多人，红军每到一个城镇，往往都要召开群众大会并在街头讲演，宣传党的政策和红军的宗旨，而女红军在这方面发挥了独特的作用。

在长征中，女红军白天要同部队一起行军，以嘹亮的歌声鼓动大家的斗志，使部队在行军途中振作精神，争取不掉队、不开小差。女同志坚定的信念和乐观的态度，往往也能激发起男同志的奋进精神，使漫长而艰难的行军变得富有生气。每到一个城镇，她们总是不顾疲劳，积极深入群众中去，以标语、布告、演说等形式宣传翻身求解放的道理。女红军的感染力和独特魅力，往往更使群众热情迅速高涨。如红军进入遵义城内后，危秀英就上街进行宣传鼓动，一个人就动员了200多名进步青年（包括学生）踊跃报名参加红军。

女红军展开宣传工作时，担负重要领导职务的蔡畅、李伯钊、刘英、康克清都可称得上是模范。作为中国妇女运动著名活动家和杰出领导者的蔡畅，是著名革命家蔡和森的妹妹，也是李富春的夫人，曾在法国、苏联留过学，又善唱歌。在行军途中，蔡畅所唱的《马赛曲》总是得到战士们的热烈欢迎。担任过红四方面军政治部主任的张琴秋也经常唱自己在苏联留学时所学的歌曲，还经常给剧团讲课，自己带头表演节目。

从苏联留学回国的李伯钊是红三军团政委杨尚昆的夫人，她在中央苏区时便担任过文艺局局长，长征途中肩负着宣传鼓动的任务，被战士们称为“赤色明星”。她自编、自导、自演，创作了许多反映红军战斗生活的戏剧、歌舞，还经常往返于部队之间教战士唱歌。1935年6月，红一、红四方面军在懋功会师，两军举行了会师庆祝联欢会。红一方面军“战士剧团”在李伯钊带领下，与指战员同声高唱《两大主力会合歌》。接着，李伯钊在台上表演苏联水兵舞，马上让台下的观众着迷。红军指战员一遍遍为她鼓掌喝彩，并喊着：“再来一个！”使她久久下不了台。这场动人的演出，多少年后还在老一辈红军中留下深刻印象。红军第一次过草地前，李伯钊被派到红四方面军从事文艺宣传。1936年7月，红二、红四方面军一同从甘孜北上，她又被调到红二方面军帮助培训文艺骨干，在参加长征的三个方面军中都留下了她的歌声和舞姿。

四川巴中建立的川陕苏区将帅碑林中的张琴秋雕像。

红四方面军在1935年开始长征时，成立了“新剧团”，设化装股、道具股、跳舞股、音乐股、戏剧股、总务股，成员大部分都是来自农村的年轻女孩，最小的只有十一二岁。在李伯钊等人的指导下，这些女孩走到哪里演到哪里，演出形式灵活，有歌剧、舞剧、话剧、快板、双簧、山歌，还能根据真人真事现编现演。这个剧团在征途中不仅组织演出，还经常充当工作队、运输队、救护队，遇到敌军还当战斗员。

在长征那种艰难而特殊的环境下进行宣传，经常要付出血的代价。当时在往返部队演出途中，经常会遭遇反动武装的袭击，剧团中的女性经常要拿起武器战斗。三大主力红军会师后，“新剧团”随西路军进入河西走廊，在悲壮的西征失败时许多剧团成员牺牲，一些人被俘和失散，但她们的奋斗精神却铭刻在中国革命文艺发展的史册上。

长征中年龄最小的女红军就来自宣传队。如红四方面军的王新兰长征时年仅11岁，她的叔叔王维舟是著名的中共早期党员，也是四川党组织的创

油画《西路军妇女独立团血战》表现了长征后红四方面军的妇女部队的悲壮遭遇。（李明峰作品）

建者之一，在红四方面军内任第三十三军军长。她的两个哥哥和两个姐姐也加入了共产党，其中姐姐王新国在红四军政治部宣传委员会工作，可谓全家都是革命者。在长征途中，王新兰身背一条线毯，腰别一把横笛，手拄一根木棍，和战友一起翻山越岭，拉着马尾巴过草地。有时走不动了，她就趴在红军大哥哥的肩膀上跟着队伍。行军中只要有机会，王新兰就会立在风口、路边为战友们送歌献舞，加油鼓劲，她用稚嫩的双脚伴随着歌声走完漫漫长路。到达陕北后她被安排去学习无线电，同著名的红军年轻将领萧华相识，后来就成为这位开国上将的终身伴侣。

在红二方面军的长征队伍中，还出现了一位著名的女作家马忆湘。她写的《朝阳花》，是由女性亲历者创作的第一部反映长征题材的长篇小说。马忆湘10岁当了童养媳，13岁参加了红军。因她生得白净秀气，曾被政治部门误当作地主土豪家的孩子而受到审查，并险些被赶出红军队伍。行军到贵州时，她因年纪小身体弱，险些在大雨中滑入山谷，是总指挥贺龙亲手把她拉上来的。

马忆湘到陕北后，只在云岩工读学校读过几个月的书，之后靠在工作中自学提高文学素养。新中国成立后，她花了10多年的时间构思和写作《朝阳花》。这部小说以红二方面军医务人员为题材，以女性特有的细腻笔触反映了长征中如火如荼的战斗生活场景。小说于20世纪60年代付梓以后，立刻受到读者的追捧，截至1978年已经印刷了10次，累计印数达100万册，还被翻译成日文出版。在那个职工月平均工资不过50元的时代，她把自己的1万元稿费一分不剩地交了党费，认为这是一个共产党员和老红军应尽的责任。

万里征途深系夫妻情

在参加长征的女红军中，一些人作为妻子同丈夫一起长征，在时时有生死考验的环境中表现出特殊的夫妻之情。

在长征前就已结婚的有：贺子珍—毛泽东，邓颖超—周恩来，康克清—朱德，蔡畅—李富春，刘群先—博古，金维映—李维汉，钱希均—毛泽民，李伯钊—杨尚昆，陈慧清—邓发，周越华—贺诚，廖似光—凯丰，肖月华—李德，谢小梅—罗明，曾玉—周子昆，蹇先任—贺龙，蹇先佛—萧克，等等。

在长征中或长征后结婚的有：李坚真—邓振询，刘英—张闻天，邓六金—曾山，刘彩香—毕占云，王泉媛—王首道，张琴秋—陈昌浩，谢飞—刘少奇，钟月林—宋任穷，陈真仁—傅连暲，李桂英—余泽鸿，张文—洪学智，周东屏—徐海东，汪荣华—刘伯承，吴顺英—马树良，谭怀明—张忠，谢觉哉—王定国，李开芬—朱良才，马忆湘—晏福生，等等。

在中央红军地方工作部的刘英，1929年赴苏联留学时便同张闻天相识，长征途中两人也经常接触。刘英敬慕张闻天学识丰富、坦诚正直，张闻天对她也产生了爱意。不过刘英看到女同志婚后在征途上的艰辛，再听到博古的夫人刘群先在行走艰难时说“行军中骡马比老公好”，于是下定决心不恋爱、不结婚。红军第二次占领遵义后，张闻天突然向她求婚，活泼开朗的刘英马上提出“五年之内不结婚”，委婉地拒绝。后来长征到达陕北，有了一个落脚的地方，刘英才答应张闻天的求婚，二人在瓦窑堡新婚的洞房就是瓦窑堡会议召开的地点。两人结婚后，共同经历了各种政治运动的风风雨雨。

汪荣华与刘伯承在长征中相识，在红军三大主力会师结束长征的前夕，两人举行了简朴的婚礼。只有一只眼睛的“军神”刘伯承于1972年双目失明，1975年丧失生活自理能力，却活到95岁高龄。在50多年的生活中，若没有妻子的体贴关怀，刘伯承的生活是很难想象的。

徐海东的夫人周东屏，她在1955年被授予上校军衔。

经历过长征的李贞是唯一的开国女将军，这是她在1955年授衔时的照片。

在长征中，一些女红军的传奇人生因动人的爱情而更传奇，而动人的爱情也因艰苦的长征而更动人。红二十五军的军长徐海东在征途上遇见的人生伴侣周东屏，就是其中一个典型。

周东屏是鄂豫皖苏区的一名护士，长征出发前领导考虑到女同志长途行军有困难，曾动员她们离开部队回家。她和另外六名女战士坚决不肯走，这种对红军生死相依的感情最终打动了首长，徐海东出面批准这七人随军。周东屏久闻军长徐海东的大名，但长征前相互不认识。长征途中，徐海东有一次在战斗中负重伤昏迷不醒，周东屏在他身边守候了整整四昼夜，以精心护理驱走了死神。在这段时间里，她感受到了徐海东的英雄气概，并对他同伤痛顽强斗争的精神敬佩不已。徐海东伤愈后，也对周东屏的精心照顾深为感动，同时喜欢她的朴实、勇敢。由于两颗心越靠越近，1935年9月到达陕北后，徐海东同周东屏举行了婚礼。后来有大批青年知识分子来到延安，有人劝徐海东离婚，再找一个文化高的女学生，遭到了徐海东一顿臭骂。后来徐海东卧病在床30余年，周东屏也看护了30余年。长年养病时，徐海东每逢老部下来看望，总要问他们“离婚没有”，得知有喜新厌旧者便愤怒斥责。

红二方面军中的李贞虽然因为长征失去生育能力，同甘泗淇没有一个亲生子女，夫妻二人却收养了20多位烈士的遗孤，被贺龙称赞为“两个模范干部，一对革命夫妻”。

在艰苦的长征途中，尽管条件艰苦，革命夫妻之间仍设法保持着深厚的关爱之情。周恩来的妻子邓颖超患肺结核不停地咳血，被分在休养连行军。周恩来百忙之中还常抽空看望她，叮嘱保重。邓颖超每次到周恩来身边，

这幅画生动描绘了重病中的周恩来、邓颖超过草地的情景。

都帮他捉虱子。过草地前，周恩来高烧不退昏迷不醒，邓颖超抱病一直守护在身边，用冰块做局部冷敷以降低他的体温，这一对情深的夫妻成为全党楷模。

任弼时与陈琮英结的“娃娃亲”，在长征中相互鼓励走完了全程。一次任弼时患重病，抬担架的人有的病倒，有的掉队，只能由一个战士背着任弼时行军。这时陈琮英跟在后面用双手抬着他的脚，翻过一座又一座山。

在红一方面军参加长征的女红军中，蔡畅是年龄最大的一个，出发前就得了胃病。她为了减轻丈夫李富春的行军负担，途中替他保管衣物，隔几天就让他换一身干净衣服。朱德和妻子康克清在长征中始终在一起，康克清不仅在生活上照顾朱德，而且还成了贴身“警卫”。

表现蔡畅过雪山的画面。（沈尧伊作品）

当年战火中的爱情，能把最真挚最淳朴的本质的美展现出来，点缀着漫漫长征路。无论这些爱情的结局是否圆满，都写下了动人的一页。共产党人为之奋斗的民主革命，包含着妇女解放的重要内容，而妇女解放又包含着恋爱、结婚和离婚的自由。后来出现的一些婚变，有些还是女方先提出的，这也表现出当时革命夫妻合则聚、不合则散的离婚自由。在那个特定时代，思想解放释放出的激情冲破封建桎梏，谱写出革命加爱情的浪漫诗篇，有的豪情万丈，有的凄婉动人，有的令人感叹……长征中女红军的爱情篇章，恰恰是其中绚丽的一页。

红军母亲在无数牺牲中绽放新生命

参加红军的妇女，是为了妇女的解放和幸福而奋斗的。为了这些，她们不得不舍家忘己，忍受常人难以想象的苦难。尤其是作为母亲，她们为新生命的诞生付出艰辛后，又要忍受骨肉分离所带来的难以言说的痛苦。这些母亲的付出与牺牲，也构成了长征中可歌可泣的一页，反映出中国革命妇女的精神境界。

参加长征的女红军中有许多已为人妻，由于当时没有可靠的节育措施，有些人身不由己地在征途中怀孕和生产。因中央红军规定路上不能带孩子，行军中也难养育，有新生儿也只能送人。红一方面军长征的队伍中有五位女红军生了孩子，新中国成立后都找不到，不知死活。

毛泽东的夫人贺子珍出发前已有身孕，到遵义后因身子沉重只能坐担架行军。部队渡过赤水河后的一个雨夜，她在路边的茅屋里生下一个女儿。随后，贺子珍强忍泪水，将孩子连同20块银圆交给当地老乡。她生产后不久，就在一次空袭中被炸伤，身上中了17块弹片，直至1984年去世时体内仍残留着几块弹片。

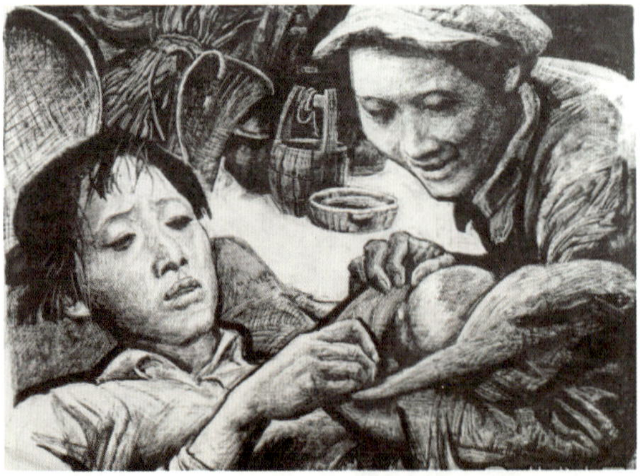

连环画《地球的红飘带》中的一幅图景，表现了贺子珍刚生下孩子便忍痛送人的场景。（沈尧伊作品）

政治局候补委员凯丰的夫人廖似光，也怀着身孕走上长征路，被编在休养连。途中她不仅尽量减少战友对自己的照顾，还和其他同志一同去做群众工作，结果出现早产，只能将孩子和身上仅有的几块钱送给了一老乡。红二十二师师长周子昆的夫人曾玉因怀孕本已

油画《草地的早晨》表现了长征中女红军忍痛割舍亲情的场面。（李明峰作品）

被划出参加长征的名单，她却偷偷追上队伍，翻越老山界不久就生产。产后几个小时后部队就要出发，当地又找不到老乡可以寄养，曾玉只好把赤身裸体的婴儿放在一把稻草上含泪离去。邓发的夫人陈慧清在敌军追来时生产，战斗部队阻击了两个多小时，婴儿终于出生。昏迷不醒的陈慧清被抬走，孩子只能交给当地的老乡，而且因情况紧急连寄养者的姓名都不知道，以致解放后难以查找。

红四方面军中有几千名女同志，长征途中不少人生产，婴儿却几乎都难以存留。如著名女将张琴秋早年在上海读书期间，结识了浙江同乡沈雁冰（茅盾）和他的弟弟沈泽民，并于1925年11月与沈泽民结婚，他们一同在莫斯科留学时生下的女儿留在苏联保育院抚养。沈泽民回国后担任中央鄂豫皖分局书记、鄂豫皖省委书记。红四方面军撤走后他留下指挥当地的游击战争，于1933年11月底因肺病加疟疾而病逝。

沈泽民牺牲后，张琴秋同当初在莫斯科的同学、红四方面军政委陈昌

油画《红米粥》表现了极少数带着孩子的女红军在征途中的艰难场景。（李蕾作品）

浩结了婚。长征途中她也怀了孕，1937年1月下旬当西路军总部兵败祁连山时，身为政治部组织部部长的张琴秋要分娩，此时仍忍着剧痛顽强指挥部队突围。分娩后，她被敌俘虏，孩子也没有保存下来。

长征中除了失散和夭折的婴儿，也有个别婴儿幸运地活了下来，并且跟随父母完成了长征，他们成了年龄最小的长征参与者。

红二方面军长征时，因部队采取了休整一段再跃进一段的方式，还能有个别婴儿被携带行军。贺龙当时的妻子蹇先任和萧克的妻子蹇先佛是一对出身名门的姊妹花，在长征中都成为带孩子的母亲。

蹇先任是湘西第一个女红军，1929年就参加了在当地打游击的贺龙部队，并成为文化教员，被贺龙称为“蹇先生”。后来她接受了贺龙的求爱，在艰苦的战争环境中所生的第一个女儿因颠沛流离而夭折。长征出发前，她第二个女儿刚出生18天，为避免重蹈覆辙她不顾大家劝告带着孩子上路。行军期间，她经常一晚上转移七八次，背着女儿在漆黑的夜里翻山越岭，跌得身上伤痕累累，衣服被荆棘划得破烂不堪。最让她为难的是，敌军逼近时为了避免暴露部队行踪，就不得不用奶头堵住孩子的嘴以防发出哭声。孩子经常被憋得脸色青紫、喘不过气，半天才能缓过来，作为母亲真是心痛如刀绞。

蹇先任的妹妹蹇先佛在长征路上的松潘草地生下了一个男婴，由姐姐蹇先任亲手接生。由于孩子降生在一个用草皮垫起来的土堡之中，因此取名“萧堡生”。当时食物缺乏，女红军李伯钊将自己分来不多的食物送了一部分给产妇，结果饿得差点走不出草地。

1936年7月，红二方面军、红四方面军共同北上，中共中央西北局副书记任弼时为了便于做工作随红四方面军行动。进入草地附近的阿坝地区时，

随红二方面军长征到达陕北时的贺捷生（右二）、萧堡生（左二）和他们的母亲蹇先任（右一）、蹇先佛（左一）。

他的夫人陈琮英临产，因随部队蹚过一条齐腰深的河时受到凉水刺激，孩子就在路边竹楼的羊圈里呱呱坠地。这对夫妻结婚后共生育了九个子女，五个孩子都在斗争环境中夭折、失散。此次任弼时想把孩子留在沿途的老乡家，陈琮英却不愿再失去女儿，身边的战士也表示不能送掉孩子，要轮流背着行军。任弼时不愿麻烦大家，便缝了个布袋把孩子背在背上，一手拄拐杖一手搀扶产后虚弱的妻子，跟随部队前进。当时朱德总司令亲自去河边钓鱼，为陈琮英做鱼汤，任弼时也在途中钓鱼、打猎，给妻子补身体。这个孩子取名“远征”，以此来纪念长征。

据当事者回忆，长征路上的恶劣条件使得女红军性别意识淡化，甚至有些生理特点都一时消失。饥、寒、湿使不少女红军终生不孕，许多豆蔻年华的姑娘还把生命留在了那片荒原。

尽管万里征途无比艰险，但那些女红军却一直舍生忘死地跟随着部队前进。看一下那些女红军的出身，除了少数留学过国外并抱着救国救民情怀为革命奋斗的知识分子外，大都是童养媳出身或被卖身为丫鬟的贫苦女孩，都有着《红色娘子军》中的“吴琼花”那样的经历，跟着红军干革命才是她们翻身得解放的唯一出路。当年共产党人的伟大之处，正在于唤醒了这些被压迫的女性，使她们迸发出无穷的力量，义无反顾地投身于红军队伍，并以生命的极限向困难挑战，才在长征途中书写了妇女解放史上动人的篇章。

八 正确的民族政策为红军开路

中国工农红军红一、红二、红四方面军历时两年进行举世闻名的长征，三大红军主力主要活动在西南、西北地区，那里正是少数民族（包括苗、瑶、壮、侗、水、土家、布依、白、纳西、彝、羌、藏、回、裕固、东乡族等）聚居区。据统计，红军长征约有三分之一的时间和行程在少数民族地区，如此长期、广泛地与少数民族接触在中国共产党的历史上还是第一次。在这段艰难的历程中，出现了一系列的民族解放斗争史上的动人篇章——苗寨反奸、彝海结盟、羌民支前、藏区建政、回族拥军……尤其是红军在长征中能顺利通过以往存在严重民族隔阂的彝族、藏族地区，还受到热烈欢迎，这确实是有着重大历史意义的辉煌篇章。红军长征的胜利，在很大程度上也是党的正确的民族政策奏出的凯歌，共产党人又以此向广大少数民族群众指明了解放的道路。

长征通过多民族地区，实践中深感政策应灵活

中华自古就是多民族国家，中国共产党建立后不久，便接触到民族问题这一人类社会的重大问题。中共中央根据马克思列宁主义关于民族问题的基本原则和俄国革命的经验，在1922年7月制定的《中国共产党第二次全国代表大会宣言》、1923年6月制定的《中国共产党党纲草案》中都强调了民族平等团结、反对民族压迫的正确原则。不过在长征之前，由于中国共产党主要在

1936年2月红六军团政委王震（前左一）在贵州黔西县同苗族同胞合影。

汉族地区进行革命活动，民族工作并不是迫在眉睫的任务，党对少数民族的历史与现状、经济与文化、风俗与宗教还缺乏了解，也很少有实践的机会，长征的过程恰恰是探索民族政策的过程。

1934年10月，中央红军走上长征路之后，不到两个月便进入了少数民族地区。同年12月上旬，红军突破湘江后进入广西北部山区，那里是苗族、瑶族、侗族等少数民族聚居区，当地民众长期受国民党军队和地方政府的压迫，出现了一些对汉人疑惧甚至仇视的心理。红军到达当地后，沿用在汉族地区“打土豪”的办法，打击反动寨主并没收他们的财物分给穷人，这使许多群众因阶级利益的一致而消除了民族隔阂，从而拥护红军。不过在苗族地区也有一些反动寨主出于自身的反动立场，组织武装与红军对抗。

当红军经过广西北部时，桂系军阀白崇禧为挑拨民族矛盾，派出一些别动队队员并雇用地痞流氓，让他们穿上红军掉队被俘人员的服装，再趁着夜晚去纵火，以致红军宿营地不断发生火灾。据干部团的人回忆，越过老山界进入苗族地区的第四天，寨子里便火光冲天，大家惊醒后急忙抢救，随后还送给群众一百多块大洋。夜宿龙坪寨的周恩来，有一次也险遭不测。据他的警卫员魏国禄回忆：“这天晚上，是周副主席长征以来少有的休息比较早的一个晚上。夜间12点左右，我被哨兵的叫喊声惊醒，爬起来跑到门口一看，哎呀！周副主席住的房后边火光冲天！”“我不顾一切地保护他从房内跑了出来。不一会儿，这间房子就被熊熊的大火吞没了。”

龙坪寨起火当夜，周恩来马上指示保卫局局长邓发一定要把纵火者查出

油画表现了毛泽东同苗族同胞在一起的场景。

来。经过彻夜清查，三个混入红军的外来人被抓到，他们在审问中承认是桂系军阀派来的纵火者。当晚，朱德总司令专门颁布命令："连日，桂敌派出大批密探，在我各兵团驻地，纵火焚烧民房，企图嫁祸于我军，破坏红军在群众中的形象。各兵团首长及政治部，应于到达宿营地后及离开宿营地前，严密巡查，并规定各连值班。一遇火警，凡我红色军人，务必设法扑灭及救济群众。纵火奸细，一经捕获，应即经群众公审后枪决。"

此后，红军抓到纵火者，都会召开群众大会公审枪决。群众知晓真相后无不义愤填膺，一些人出于对国民党桂系军阀的憎恨，也为了感谢红军，还当场申请参军。后来有人说，白崇禧号称"小诸葛"，所玩的纵火这种小伎俩不仅未能得逞，反而促使一些苗民参加了红军。

中央红军四渡赤水后进入云南，接着进入四川西部和当时的西康。那里地形险峻，是彝族、藏族、羌族聚居区。这些兄弟民族自古就是我国多民族大家庭中的成员，不过所在区域生产力和生产关系十分落后，彝族还处在奴隶社会，藏区停留在封建社会的前期农奴制阶段。由于历代反动统治阶级一贯推行民族压迫政策，在红军长征以前的几百年间，凡是汉族军队想经过这里，一般都会发生严重的冲突。

在这种特殊的民族地区，中共中央决定实行特殊的民族政策，并提出："不懂得党的民族政策的，不配当一个共产党员，不了解争取少数民族的重要性和不参加这一工作的，不配当一个好的红色战士。”红军长征时民族工作的中心任务，是最大限度地争取少数民族群众的理解、信任和支持，顺利通过少数民族地区。正是靠着实行灵活和正确的政策，红军得到了苗族、彝族、藏族、回族和其他少数民族群众的拥护和帮助，才保证了战略转移任务的完成。

长征途中，红军有了广泛、频繁接触兄弟民族的机会，这使共产党的民族政策得到了一次极好的实践机会，也从中得到不少宝贵的经验。1935年8月，毛泽东曾在藏区的毛儿盖召开的会议上指出，必须挑选一部分优秀的少数民族，“给以阶级的和民族的教育，以造就他们自己的干部”。红军在长征途中吸收了许多少数民族群众参军，到达陕北后还专门把少数民族同志集中进行培养，这样就在长征胜利的基础上，为日后国内各民族的解放奠定了重要的基础。

以结盟顺利通过彝民区，创造了历史奇迹

1935年5月，中央红军从云南北渡金沙江后，向川康边地区前进，前面就出现了一片纵横百里的彝民区，能否迅速通过成为长征途中的一道难关。

中国的封建统治者过去对少数民族地区只满足于其臣服，长期不着手进行社会改造，如彝族在20世纪上半叶还停留在古老的奴隶社会。从清朝至民国年间，四川和西康的反动官府对彝族又经常采取征剿、歧视措施，一些狡诈的汉族商人还利用少数民族群众的纯朴对他们进行欺诈和剥削，这些都难免会引起当地民众对汉人的猜忌和敌视。1863年，太平天国最善战的翼王石达开率领4万精锐部队北渡金沙江，进入彝民区并向大渡河推进，结果兵败被擒。后人总结石达开悲剧出现的原因，未处理好民族关系是最关键的因素。如果他同彝民搞好关系，一处渡口过不去还可以迂回再渡。由于当地土司敌视石达开，太平军在这样的民族隔阂很深、地形险峻又人生地不熟的地区兵败后连逃跑都不可能，零散突围者也在路上遭屠杀或被贩为奴隶。

石达开全军覆没时正值开春不久的5月间，1935年中央红军2万多人进入彝民区时，恰恰也是5月。据当年的红军回忆，他们渡过金沙江进入彝民区前，国民党飞机在头顶撒了不少传单，上面写着：“前有大渡河，后有金沙江，几十万大军追、截、堵，共军插翅也难逃。”同时，蒋介石还向部属下令：“让朱、毛做第二个石达开！”当时蒋介石感到胜券在握，他的部署确

实同当年的清朝军队相似。他一面派几个师迅速赶往大渡河边准备阻击，一面又派几个师跟在红军后面渡过金沙江追击。同时他认为，红军进入彝民区肯定会发生激烈战斗，即便能冲过去，损失也会非常大，而且需要很长时间才能到达大渡河边，那时国民党军已在河边严密布防，石达开那种进退两难并受彝民四面围攻的悲剧便会再次发生。

1935年5月20日，毛泽东率领的中央红军进入了彝民区边缘地带，当天总司令朱德下达了“关于过彝民区、大渡河的命令”，中央军委还派总参谋长刘伯承担任先遣队司令，同红一军团政委聂荣臻在前面开路。中央军委领导人让刘伯承率队开路，真是知人善任，因他参加红军前曾在川军中任职十几年，不仅是老军人更是“老四川”，对川西地理风俗人情很熟。刘伯承向周围的同志介绍，彝族处在奴隶制社会，分为“白骨头”“黑骨头”，还有不同奴隶主家族武装派别。这些奴隶主家族武装相互之间不断械斗打冤家，如果外族军队进入这一地区，他们往往又会一致对外。因此，刘伯承到达彝民区边缘地带，冕宁地下组织就前来汇报情况，他马上积极想对策争取顺利通过。

红军进入彝民区时，马上发布文告宣布：“中国工农红军，解放弱小民族；一切夷汉平民，都是兄弟骨肉。可恨四川军阀，压迫夷人太毒；苛捐杂税重重，又复妄加杀戮。红军万里长征，所向势如破竹；今已来到川西，尊重夷人风俗。”不过当时的彝民一般不识汉字，这样的宣传不能马上起作用。红军到达彝民区边缘地带时，发现彝民非常惊慌并拿着各种武器戒备。由于历史形成的隔阂，加上民族文化差异，要他们很快地从本质上理解红军是什么样的军队，理解共产党与国民党有本质的区别，一时很难办到。

红军解放彝民的行动，却马上产生了效果。在进入彝民区前，中央红军首先占领冕宁县城，发现监狱里关着许多彝民，一个个蓬头垢面，一问才知道他们来自大凉山各个彝族部落和家支，轮流换班到这里坐牢。因为当时的川康地区官府认为彝民不好控制，便以武力强迫每个家支都交出一些人到县城监狱坐牢，放出一班再补一班，哪个家支对抗官府就拿监狱里的人问罪，这实际是一种“人质”制度。刘伯承率红军打开县城后，马上把监狱中的彝民放出来，说明共产党领导的红军同旧官府是不一样的，是反对民族压迫的，并给他们食物衣物，让他们回家。

实际行动是最好的宣传，红军从监狱中解放的许多彝民，回到彝民区马上就宣传“红汉人”的军队同官军不一样，是自己的救星。许多彝族同胞听到后很受震动，不过没有亲眼见到，还是半信半疑。1935年5月21日，红军先头部队开始进入彝民区，刘伯承、聂荣臻等领导人严格下令，遇到彝民拦阻和抢劫不得开枪，只能说服解释。这时，一些从监狱中被解放的彝民给红军带路，当翻译，在队伍前面进行宣传，说明红军只是借路通过，绝不损害当地利益。红军的一个工兵连被彝民拦住抢劫，衣服都被剥得精光，可他们严格执行命令不放一枪，光着身子流着眼泪退了回来。拿着武器的军队打不还手，这种现象彝民从来没见过，对立的情绪很快就有了改变。

当时彝民区分别由三个大家支控制，红军进入的地段由三个大家支中的一个头人果基小叶丹管辖。他听说红军与其他军队不一样，便骑着马赶到对峙前沿阵地，看到红军有枪却不伤害面前拦阻的彝民，心里也受到震动。由于他的装束与普通彝民不一样，红军认为他可能是个大人物，便让翻译喊话表示想会谈。小叶丹首先同红军群众工作队长萧华进行交谈，了解到红军只想借道通过，于是不仅表示同意，还提出想与红军先遣队刘伯承司令结拜为兄弟。

作为奴隶社会中的一个大首领，小叶丹愿意同共产党人合作，首先是共产党和红军的民族政策感召的结果。小叶丹感到红军看得起彝民，平等相待，对此深表敬佩。另外，他也有着利益上的考虑，本着彝族“朋友越多越好，敌人越少越好”的传统理念，希望红军帮助他同其他家支打冤家。红军虽然不介入彝民内部斗争，不过还是送了他一些枪支。通过彝民区时，红军

反映“彝海结盟”这一历史的雕像，表现了刘伯承与小叶丹结拜为兄弟的场景。

秋毫无犯，取食物用品都一律付款，彝族其他家支也很感动，同时受到共产党尊重彝民并平等对待的宣传影响，也没有攻击红军。

1935年5月22日，刘伯承和小叶丹在四川冕宁县城以北20多公里的彝海湖畔举行仪式，结拜为兄弟。刘伯承把随身佩带的手枪和一些步枪送给了小叶丹，小叶丹也将坐骑送给刘伯承。歃血为盟、结拜为异姓兄弟这种古老形式，现代社会的人们对此会感到很陌生，可当时却是红军尊重彝族习俗的体现。

双方结拜时，小叶丹还拿来一只公鸡在湖边宰杀，刘伯承同他喝了鸡血酒，并对天盟誓，哪个不忠实，就和这只公鸡一样。随后，小叶丹要求他的家支下属彝民都要欢迎红军，同时保护红军不受其他家支攻击。接着，红军大部队以急行军速度通过彝民区，道路两边彝族同胞夹道欢呼。看到这个情景，党中央领导也非常兴奋。他们同刘伯承见面时，周恩来就说："你们简直把彝族地区赤化了。"毛泽东还问刘伯承："当年诸葛亮七擒七纵，才把孟获说服了，你怎么这么短的时间就把约达（小叶丹）说服了呢？"刘伯承回答："我们靠的是正确地执行党的民族政策，是重视民族平等和民族团结的结果。"

彝海结盟三天后即5月25日，红军一军团第一团便到达了大渡河边的安顺场，18名勇士用一只小船就强渡了大渡河。红军通过长200多里的彝民区，速度之快，路途之顺利，不仅大大出乎敌人的意料，也超出了中央军委的预想。如

油画《彝海结盟》表现了刘伯承与小叶丹结拜为兄弟的场面。（沈尧伊作品）

果彝民拦截红军，红军即便冲过这一地区，损失也会很大，肯定还要耽误许多时间。新中国成立初期刘伯承曾回忆说：如果不结盟，再推迟三天，蒋介石的重兵就调到大渡河堵住他们了，就有可能是石达开的下场。

彝族首领小叶丹同刘伯承结盟并帮助红军顺利通过，国民党当局对此非常恼火，不过他们也不敢轻易进入彝民区，便以重兵威胁，逼小叶丹交了很大一笔银钱作为罚款。20世纪40年代初，小叶丹在一次武装冲突中死去。1949年解放大西南时，担任西南军政委员会主席的刘伯承到达四川后马上打听小叶丹的下落，得知他已经不在世，经中央同意为他的弟弟安排了工作，后来又安排他担任全国政协委员。小叶丹的弟弟每次去北京，刘伯承都把他接到家中并以兄弟相称，这体现了刘伯承一直不忘当年彝海结拜兄弟之谊。直至1993年，中央领导还特别批准，将小叶丹的孙子和外孙分别保送到中央民族大学和中国人民大学，这不仅体现了共产党人不忘老朋友，也说明了当年的民族政策不是权宜之计而是一贯政策。

从藏区实际出发，开展上层统战工作

藏族地区，是红军在长征中行军和停留时间最长的地域。1935年夏天之后，红一方面军曾经过当地，红四方面军接着在藏区继续转战八个多月。1936年7月，红二、红六军团也进入西康的甘孜藏区，并在那里成立了红二方面军。接着，红二、红四方面军于8月间离开藏族地区北上陕甘宁。可以说，长征中的三大主力红军在藏族地区转战了差不多一年之久，靠着采取特殊政策，才保障了自己能在当地生存。

红军通过开展少数民族工作的实践，感受到各民族的情况虽有差异，然而共同的特点是要尊重他们的风俗习惯和自身特点，同时要保护他们的利益，这样才能得到拥护。同时，不同的民族地区有着不同的社会情况，对具体情况要具体分析，采取政策也要有区别。

1935年5月，红四方面军进入川西藏区，起初仍想按照在苏区“打土豪”的老办法，以取得藏族民众拥护。当地的现实却与原来的设想大不相同，多数藏民逃得不知去向，家里的粮食、物品都藏匿一空。少数未跑的藏民则多集中在喇嘛寺中，持枪严阵以待，不许红军靠近。这种无情的现实，使红军以往的办法失灵，不得不考虑实行新政策。

红一、红四方面军会师后，过草地之前集结于藏区，由于同当地群众难以接触而筹粮困难，部队生存面临着巨大威胁。红军过草地之前在黑水、毛儿盖一带筹粮，就遭到一些藏族小股武装袭击，不仅筹不到多少粮，还损失了一些人员。

红四方面军总指挥徐向前曾述说：“这里的条件远不及通南巴，发动群众的工作困难重重：一是语言不通，障碍甚大；二是历史上形成的民族隔阂很深，短期内不易消除；三是地广人稀，走上百多里山路，往往见不到一个寨子；四是少数上层反动的土司、喇嘛利用他们的统治势力和影响，暗地进行破坏活动，甚至公开组织反革命武装。”

红军进入藏区时，不少群众听信反动分子散布的共产党“杀人放火”等谣言。不但土司头人都躲避起来，连普通的藏族群众也有不少人逃到山里。为使藏族群众消除恐惧返家，红军首先以实际行动表现严明的纪律，不进当地视为圣地的寺庙，烧了牛粪还要留下银圆。少数躲在村寨中的人见此情景，敢于走出来，红军就托他们上山向群众喊话，或请寺庙喇嘛带信，宣传共产党的政策，以解除群众的疑惧。

红军总部到达康区的炉霍县，朱德总司令强调首要任务是让群众回家生产。过去沈阳军区曾有全国唯一的藏族女红军，她回忆说，自己就躲在村里，见红军纪律好才敢出来。由于她会汉语，便给红军担任通司（也就是翻译）。后来红军上山遇到藏民，藏民常常吓得趴在地上不敢起来，通司用藏语告诉他们，红军是自己人，决不侵犯老百姓的利益。一些留在村里的藏族群众也来宣传，一传十，十传百，红军尊重少数民族群众的事一下传遍了黑水河藏区。群众回到自己的村寨和家里一看，东西摆放得整整齐齐，院子打扫得干干净净，水缸装得满满当当。没过几天，藏民便同红军打得火热，亲如一家，纷纷把藏起来的青稞、玉米、酥油送给红军，使红军在过草地前渡过了难关。

为了使党的民族政策通俗易懂，进入藏区的红军把尊重宗教信仰、民族风俗习惯和保护群众利益等若干注意事项编成“四要十不准”歌谣，全军普遍教唱。同时，红军改变了原先实行的“打土豪”政策，对藏族上层采取团结争取的政策，力求他们与红军合作并帮助筹粮，至少应做到互不相扰。

对于不听劝说而以武力抗拒的上层，红军仍然采取军事打击与政治争取双管齐下的办法。如德格地区的头人夏格刀登不听劝说，带领2000名藏族骑兵阻挡红军。红三十军为争取和平解决，白天坚守不战，夜间派第二六五团这支有名的“夜老虎团”神不知鬼不觉地摸进藏人营地，扑到夏格刀登的帐篷里将其活捉。军政委李先念接见了他并以礼相待，宣传共产党的民族政策，使夏格刀登与红军签订互不侵犯的协议，还让他出任了博巴自治政府的副主席，参加了为红军筹粮的工作。

四川甘孜建起的朱德总司令和格达活佛联谊塑像。

甘孜地区白利寺的五世格达活佛，在藏区有很大的声誉和影响。他很愿意接触新思想，朱德总司令便亲自登门做他的工作，二人很快成了好朋友。随后，格达活佛也担任了博巴自治政府副主席，并动员当地藏民为红军筹粮筹物。甘孜一带地广人稀，物产很少，几万红军在那里生活大半年，没有藏族群众支援，是不能想象的。

几万红军进入贫瘠的藏区后，仅靠取之于民，必然形成与民争食的局面。朱德率红军总司令部到炉霍县时，考虑到这一严峻问题，便提出要同群众一起展开生产。在总部机关动员大会上他亲自做动员强调："我们和藏族同胞是兄弟，是一家人，我们要帮助他们把地种上种好。"红军总部许多首长都参加了春耕，各部队也掀起了助民劳动热潮，提出了"不让一寸土地放荒"的口号。当时，红军还向藏民传授了驾驭骡马耕地的技术，不少群众称赞红军是"菩萨兵""红军人好、心也好，种的庄稼也特别好"。由于被红军助民生产感动，广大藏民随后也积极帮助部队筹粮。

红四方面军在藏区时，还动员当地藏族群众参军，组成了一个近5000人的独立师，从红军中派几百名干部去当骨干。这些藏族战士都有马，自己带枪，保卫自己的家园，积极性普遍很高。在甘孜藏区建立的藏民独立师，是党在少数民族地区建立的第一支规模较大的民族武装，也是长征中实行正确民族政策的一个创举。不过，当红军离开藏区时，几千名藏族战士都感到外出后语言、生活习惯不同，多数人又舍不得离开家。看到这种情况，红军总司令部决定把这个师解散，让藏族战士自己选择去向。虽然绝大多数藏族战士回了家，但还是有十几个藏族青年坚持跟着红军走，包括后来著名的藏族红军天宝等人。他们中间有个名叫王寿才的青年走过草地，又懂汉语，红军总参谋长刘伯承请他带路，还专门给他配了一匹马。在茫茫草地行军时，他

油画《北上》表现了红军离开藏区北上的场景。（高泉作品）

为红军指明了道路，立了大功，跟到陕北并入了党，新中国成立后还当了甘孜藏族自治州副州长。那些留在藏区的参加过独立师的藏民，也一直怀念共产党和红军，总在等候他们回来。

长征结束后，毛泽东曾总结长征是“播种机”“宣传队”，红军在藏族地区传播的民族平等政策，影响到后来许多年。红军北上时，朱德总司令向格达活佛告别，说明红军至多15年就会回来。1950年解放军第十八军进驻甘孜，恰好是15年。格达活佛兴奋地向军长张国华讲起此事：“朱总司令真是神人！”

参加博巴自治政府和藏民独立师的许多人，在1950年解放军到达时都奔走相告：“当年的红军回来了。”像格达活佛、夏格刀登在新中国成立后又担任了人民政府的职务，并向西藏宣传共产党的政策，西康藏区也成了支援解放军进藏的主要基地。

跟随红军长征到达陕北的那十几个藏族青年，毛泽东亲自安排他们参加民族干部培训班，把这些人培养成共产党最早的藏族干部。对当过小喇嘛的桑吉悦希，毛泽东亲自为他起名“天宝”，并说：“长征时我到过你们的家乡，那里的藏族同胞对长征的胜利是有贡献的。”新中国成立后，天宝担任了西藏的领导工作。另外，还有一些跟随红军长征的彝族青年，他们也被送进民族干部培训班，都成了红军播下的革命种子。

分析回民区特色，统战工作与发动群众相结合

中央红军长征到达西北回民区之前，经过了彝族、藏族、羌族等少数民族聚居的地区，积累了不少民族工作的经验。1935年9月末，中共中央在甘肃通渭县召开会议，了解到在向陕北前进的路上要经过回族聚居区，于是特别强调要尊重少数民族的习惯。陕甘支队对全体人员进行了民俗民情教育，特别强调不得吃猪肉，不得借用回民的日常用具。各部队对炊事班事先都进行了检查，要求将原来存的猪油提前吃完，进入回民区后只许携带菜油和豆油。

10月上旬，毛泽东亲自率领的红军陕甘支队（即中央红军主力）离开甘肃通渭县，向东北方向进军。部队进入了回民区，意外地发现当地群众不仅不逃避或对抗，还群起相迎。在村子里的墙壁上，还写有“红军和回族同胞是一家！”“回族人民团结起来，打倒卖国贼蒋介石”等标语。这里的回族群众经常同汉族交往，一般都通晓汉语。据当时先头部队的人回忆，红军队伍进入村子后，当地回民看到红旗后都纷纷跑到路边，端出泡好的茶水并招呼：“红军先生，咱们没有什么东西招呼，请喝茶吧！”在这样一个很陌生的少数民族地区，中央红军受到群众这样的迎接，实在是有些意外。中央红

油画《李卓然等宣传抗日》表现了红军在西北回民区进行宣传的场面。（郑春龙作品）

军经过询问才知道，8月中旬红二十五军曾从这里经过，给回族群众留下了非常好的印象。当时，军政委吴焕先为了搞好同回族群众的关系，专门找群众座谈调查，给部队制定了“三大禁令，四项注意”。

三大禁令：

一是禁止驻扎回民的清真寺；

二是禁止打回族中的土豪；

三是禁止在回民中吃大荤。

四项注意：

一是要注意遵守回民的风俗习惯；

二是要注意不用回民的水桶在井里打水；

三是要注意回避青年妇女；

四是要注意实行公买公卖，不准在回民中说“猪”等。

吴焕先向部队做出民族政策的规定后，在镇内召集当地名人和阿訇开座谈会，说明红军不征款、不催粮、不拉夫抓丁的政策。军部首长吴焕先、程子华、徐海东又热情而隆重地拜访了清真寺，还赠送了绣有“回汉兄弟亲如一家”八个大字的锦缎匾。接着，老阿訇和回族群众带着礼品、赶着羊，回访了红军。红二十五军走后，当地民众都称赞红军好，后来看到这支队伍打着红旗，头戴有红五星的军帽，便自发地前来热烈欢迎。看到长征途中这种少见的场面，毛泽东非常兴奋，到达陕北后便称赞红二十五军政策水平很高，民族政策执行得很好。

1935年8月初，红二十五军政委吴焕先（左）同副军长徐海东在甘肃两当县城合影。吴焕先在进入回民区时制定了严格的政策。

10月5日，毛泽东率中央机关抵达西吉县单家集村，并在此留宿。红军进村后，便有几位戴着白帽子、留着白胡子的老人前来迎接，并双手捧着小瓷碗前来敬茶水。中央总负责人张闻天出面答谢，并感慨地说：“这个地方的回族群众真好！”

毛泽东、张闻天进

红二十五军军长程子华（后改任政委）给回民区的题词。

村后，马上去清真寺拜访阿訇，说明红军尊重回族人民的风俗习惯，保护清真寺，主张民族平等，并指出各民族解放的道路。阿訇听后很高兴，马上招呼回民分别腾出一些房子给红军住，并按市价卖给红军粮食，还请毛泽东在清真寺吃了饭。当天晚间，毛泽东不顾行军疲劳，在北厢房同阿訇马德海长谈，了解当地的风俗和民情，对回族地区的情况有了进一步的感性认识。

10月6日拂晓，中央领导率红军离开单家集，临行前战士们按照老规矩把借来的木板等如数还清，损坏了的按价赔偿，并把屋子打扫得干干净净。部队离开村子时，回民群众站在桌子旁边，鞠躬拱手为礼，毛泽东等中央领导人不停地向回族群众招手致意。后来的几十年间，当地民众每逢这一天都不忘纪念。

离开单家集的次日，毛泽东随中央红军长征登上六盘山顶，一时心潮澎湃，写下了《清平乐·六盘山》：

天高云淡，望断南飞雁。

不到长城非好汉，屈指行程二万。

六盘山上高峰，红旗漫卷西风。

今日长缨在手，何时缚住苍龙？

此刻，陕北苏区遥遥可望，万里长征已经到了尾声，毛泽东自然感到欣慰。在思考下一步如何在西北地区建立和扩大苏区时，毛泽东也注意研究如何发动在当地人口中占很大比例的回族群众的问题。

通过实地调查，毛泽东等中央领导人发现，这里一些村寨的阶级分化并不明显，同宗同族的观念强过阶级观念，当地上层人士在族内具有很高的威望。由于这些头人有着领导本族人反抗外来压迫的积极性，在当地不能采取汉族地区那种“打土豪、分田地”的方式，而是要对少数民族上层人士做好统战工作，再通过他们影响本民族内部和其他群众。

中央红军到达陕北并与当地红军重组红一方面军后，于1936年春天东征山西。由于受到国民党中央军和山西军阀阎锡山的拦阻，5月间红军返回陕北，鉴于当地缺少粮食和兵员补充困难，红一方面军组成西方野战军，由司令员彭德怀指挥西征宁夏，目标是扩大根据地，争取打通与苏联联系的国际路线，并接应红二、红四方面军北上会师。

鉴于西征宁夏又要进入回民区，红军出发之际，1936年5月24日，红军总政治部特别做出关于回族工作的指示，强调要造就“在回民中有信仰的领袖”，规定部队进入回民区后不打回民土豪，注意通过阿訇上层分子来进行下层群众工作，并组织回民委员会和回民解放协会。为宣传红军的主张，毛泽东发布了《中华苏维埃中央政府对回族人民的宣言》，宣布“担保回民信仰的绝对自由”“愿意武装回民，成立独立的‘回民抗日军’”等主张。红军政治部门还规定，各部队进村前先派代表与阿訇接洽，得到同意以后才进村宿营；在营区内禁止食用猪油、猪肉，不得借用回民的生活用具；不得进入清真寺，不准破坏伊斯兰教经典。这种不是从本本和教条出发，而是从实际出发的政策，使党能够成功地在当地发动群众、建立政权并发展民族武装。

红军西征进入宁夏前，回族军阀马鸿逵在当地实行残暴的统治。他虽以伊斯兰教徒的身份笼络穆斯林，但他各种名目的横征暴敛却已搞得民怨沸腾。马鸿逵到南京开会看中一位女大学生，马上不惜花5万银圆将她买来，并用当时还很罕见的飞机将她接到银川，还自诩这如同阿拉丁用神毯载运来一位美女。此时，宁夏军队的士兵却已欠饷数月，百姓摆摊卖个西瓜都要缴税。闻知此事的兵民都是怒不可遏。红军一进入宁夏，马上宣布免除马鸿逵所设的苛捐杂税，不信奉宗教的共产党人就此得到回族群众的大力拥护。

红军西进时，宣布不打不拦阻自己的军队。宁夏的马家军虽前来作战，却兵无斗志，红军在环县一战击溃其第三十五师后，其余部队均一触即溃，未做多少抵抗就撤向银川一线依托城池工事坚守。为了进一步瓦解敌军，红军对马家军官兵进行教育后，将他们全部放回。红军采取这一举动后，宁夏军队连续四个月不再出战。红一方面军在此休整后，南下陇东的静宁、会宁一带，实现了三大主力的会师，胜利结束了长征。

红军西方野战军进军宁夏后，连续解放了曲子、环县、定边、豫旺、同心、盐池等许多城镇和镇原北部。为了团结回民一同打击国民党当局和马鸿逵等军阀，于6月中旬成立了回民解放独立师，以马青年为师长、欧阳武为政委。在新解放的回族地区，红军还发动回民组织了游击队。这些由回民组成的民族武装配合主力红军，进行了保卫地方的一系列战斗，固原、镇原等地还建立了有上层人士和下层群众代表共同参加的苏维埃政权。至此，宁夏东部纵横200余公里的地区也并入原来的陕甘根据地，从此史册上出现了一个响亮的名称——“陕甘宁”。

1936年8月，到陕北完成了采访任务的美国记者斯诺骑着骏马，在红军的陪同下前往宁夏前线，用镜头记录下回族群众召开大会，响应共产党的号召的动人场面。红军长征期间在宁夏回族地区开展了成功的统战工作，是党的民族政策的一个新创举，是在信奉伊斯兰教的群众中发展革命力量的宝贵尝试。实践证明，信仰共产主义的红军在打击压迫回汉人民的马家军阀时，只要政策正确，仍然可以团结包括地方头人和宗教领袖在内的广大回民，建立共产党领导的根据地和武装。当年红军在宁夏回民区发动群众的实践，也为后来建立民族自治政权积累了宝贵的经验。

后人查看美国记者斯诺在陕甘宁地区拍摄的镜头时，发现红军中彝族战士、藏族战士的照片，其中有藏族小红军天宝，以及新中国成立后担任青海省副省长的扎喜旺徐等。美国记者斯诺采访后还指出：“红军离开后，其他汉族军队再也没能通过那一地区。”为什么国民党军队一直无法通过的少数民族地区，红军通过时却能出现“兄弟民族夹道迎”的热烈场面呢？这是由于红军以正确的民族政策感动了彝族、藏族等兄弟民族，这些民族的优秀儿女也踊跃地支援红军、参加红军。长征能取得胜利，离不开党的正确的民族政策。红军能顺利通过中国西部少数民族地区的历史之谜，谜底也正在这里。

中华民族由多民族组成，不过在封闭、落后的旧社会，由于历史、地理因素，一些少数民族地区与中原地区存在着一些隔阂。以汉人为主体的红军长征通过了西部众多少数民族地区，给那里带来了光明进步，指明了实现解放的方向，也大大促进了民族团结，这对加速中华民族内部的融合发挥了重大作用。

九 长征最后落脚陕甘宁

红军长征作为一次战略转移，行军路上都在寻找可以落脚的地方。长征途中，中共中央在召开的一次次会议上曾设想过建立新根据地的区域——湘西、黔北、川西北、川陕甘……由于国民党军紧追其后，根本不给红军以实行土地革命、发动群众的时间，在陌生的区域中一直无法建立新苏区。只是当中央红军历经二万多里艰辛跋涉，到达国内仅剩的一块根据地即陕甘苏区时，才有了到家的感觉，能够从容休整并发展力量。随后，红二、红四方面军也长征奔向那里，三大主力终于成功会师并开拓了新局面。落脚陕北，是长征中一次极其重要且非常正确的选择，这一决策的制定和落实也颇为不易。

知道陕甘有红军后确定了向那里前进

1935年1月，中共中央在遵义会议上取消了落脚黔北建苏区的设想，确定了要北上四川建立根据地。同年6月红一、红四方面军会师后，毛泽东等领导人提出应北上建立广大的川陕甘根据地，即进入甘肃，在靠近四川北部的甘肃、陕西广大区域建立根据地。张国焘却认为，应该向西发展，在四川西部和西康少数民族地区也就是藏族地区、羌族地区建立根据地。张国焘的主张，完全不合乎中国革命发展需要，从军事上、地理上看也行不通。由于他不服从中央甚至以种种手段要挟，中共中央在过草地后只率领服从命令的红军8000人继续北上。

9月10日，中共中央召开了俄界会议，决定北上的红军要进入甘肃东北部，以游击战争打通国际路线，取得苏联的帮助，准备在接近外蒙古的地区建立一个根据地。从中央的意图看，根据地大致选在宁夏一带，这里距离国民党中央军的控制范围比较远，却靠近苏联控制的外蒙古。从后来的实践看，宁夏一带由马家军利用宗教和民族纽带来控制，有顽固的地方势力，在那里建立根据地并不太合适。不过中央打算立足于西北地区，这一打算还是对的，只是对具体路线如何走还众说纷纭，一时没有定说。

俄界会议旧址修筑的纪念碑。

9月20日，红军突破了甘南关隘腊子口后占领了哈达铺镇。这个镇子有镇公所和邮局，部队进去拿来一大堆报纸，交给毛泽东等中央领导人阅读。其中有一张山西军阀统治下所办的《晋阳日报》，上面

油画表现的是红军攻占了天险腊子口。（崔开玺作品）

刊登了阎锡山的一个讲话说："陕北刘志丹赤匪部已占领六座县城，拥有正规红军五万人，游击队、赤卫队和少先队二十余万人，窥视晋西北，随时有东渡黄河的危险性。"这张报纸中的阎锡山讲话内容，对陕甘红军的力量有过分夸大之处，不过至少说明陕北仍有红军在活动，而且控制着一块不小的根据地，并有相当强的力量，因而才使山西军阀感到恐惧。

毛泽东、周恩来等领导人看过报纸后，马上把两年前在陕西省委工作过的中央白区工作部部长贾拓夫找去，详细询问了陕北红军过去的情况，以及当地的地理民情。贾拓夫讲了他所知道的刘志丹等人发展革命力量的情况，还补充说，陕北是个革命的好地方，群众生活很苦，迫切要求革命，又加上当地穷乡僻壤，大军"进剿"不易，可以和反革命势力进行周旋。

中央红军到达哈达铺休整时，提出的口号是"让部队吃得好"，目的是赶快恢复过草地时严重消耗的体力，病号要养好病。在哈达铺住了五天后，领导人都知道了陕北还有红军，还有革命根据地，都喜出望外。在中共中央的会议上，确定了部队马上向陕甘边方向前进。据张闻天的夫人、当时在红军中管理文件的刘英回忆，此刻中央已经确定了以陕北为落脚点。

离开哈达铺四天之后，红军突破了敌军在渭水的封锁线。9月27日，由红一、红三军团改编的陕甘支队到达通渭县榜罗镇。9月28日，党中央在此召开了政治局会议，正式确定以陕北为红军长征落脚点。当时有些同志还希望下一步能将根据地发展到接近外蒙古的地区，不过这都是下一步的奋斗目标，

哈达铺镇建立的红军雕像，表现出红军从此明确了下一步前进的方向。

当前急需找到一个“家”休息一下。这时已是9月下旬，天气转冷，眼看冬天快到而部队还没有棉衣，找到一个根据地补充衣被也是当务之急。中央做出落脚陕北的决定后，贾拓夫又奉命化装先期前往陕北联络。

榜罗镇会议结束后，中央红军一直向东行军，翻越了六盘山后，于10月19日到达了属于陕甘根据地管辖的吴起镇。过去有的书中称中央红军10月19日到达吴起镇，就此结束了长征，其实这只是进入陕甘根据地的时间。随后部队还在行军，会师在半个多月后才实现。

中央红军刚到吴起镇时，村子外面的老百姓看到来了一支普遍衣衫褴褛、面容疲惫的军队，有人曾问他们是什么军队，回答说是“红军”。不过南方人念“红”字，陕北老百姓听成了“奉”。当时东北军正在陕北“围剿”红军，过去正好被称为“奉军”，他们的纪律很坏，老百姓非常害怕。老百姓以为东北军来了，几乎都跑到附近的山上躲了起来，只留下老弱病残者在家里。红军进入这个小镇后，看到只有11户人家，窑洞不多，路上没见到几个人。不过，他们发现一孔窑洞门口挂着一块牌子，上面写着“赤安县六区苏维埃政府”。这一块小小的牌子，却使干部战士都有一种回家的感觉。在一年多的艰苦长征中，大家总想有一个“家”。看到这块牌子，大家明白，这里有苏维埃政府，这里就是革命根据地。

到了吴起镇，中央红军很快就让群众了解了自己是什么队伍。他们不进老乡的家。在场院里埋锅造饭，自己挑水，扫院子，和刘志丹的队伍经过

1935年10月，毛泽东到达吴起镇后居住的窑洞（现辟为展览室）。

时一样不扰民。老百姓很快知道，这是南方来的红军，于是马上回家，让红军进门。正如当年的民歌唱的那样："千家万户把门开，快把那亲人迎进来。"当风餐露宿、饥寒交迫的中央红军指战员被群众迎到家中，看到群众端上滚热的小米饭时，许多人都激动得热泪盈眶，连声说："到家了！到家了！"

几天后，前去寻找陕北红军的贾拓夫回来，除讲述当地红十五军团作战取胜的情况，也说明了根据地内出现的严重内部危机。到达吴起镇11天后，毛泽东到甘泉县会见了徐海东等红十五军团领导人。11月6日，中央红军长征到达甘泉县的象鼻子湾，同红十五军团举行了胜利会师大会，可以说，中央红军的二万五千里长征到这里算是正式结束了。

由于有了根据地，伤病员有地方安置了，中央机关也有了住所，全军还发了棉衣。当时的陕北虽然穷，却是革命的落脚点，毛泽东就感慨说："不是这块地方，我们下不了地。"

在两军会师的象鼻子湾，中央又召开全军干部会议，毛泽东、周恩来、张闻天和彭德怀到场，毛泽东对长征做了总结："我们从瑞金算起，总共走了367天。我们走过了赣、闽、粤、湘、黔、桂、滇、川、康、甘、陕，共11

红一方面军领导人在长征结束后的合影（右一邓小平、右二徐海东、右四聂荣臻、右五程子华、右六杨尚昆、右七罗瑞卿）。

个省，经过了五岭山脉、湘江、乌江、金沙江、大渡河以及雪山草地等万水千山，攻下了许多城镇，最多的走了二万五千里。这是一次真正的前所未有的长征。敌人总想消灭我们，我们并没有被消灭，现在，长征以我们的胜利和敌人的失败而告结束。”

此时，红一方面军结束了长征，红四方面军和红二、红六军团还在南方，全军长征仍未结束。

打退军事“围剿”，解决政治危机，扩大陕甘苏区

中央红军到达陕甘苏区时，蒋介石正命令刚从鄂豫皖调到陕西的十几万东北军进行“围剿”。此时中央红军取消三军团的番号，合并为红一军团，并同红十五军团重新整合组成红一方面军，总兵力也只有1万多人。毛泽东、周恩来、彭德怀在前线亲自指挥直罗镇一仗，歼灭东北军1个师，使张学良感到进攻红军没有前途，就此停止了“围剿”并开始与红军接触。直罗镇一仗被称为“奠基礼”，从军事上解决了在陕北落脚的问题。

中共中央到达陕北时，当地发生了因错误“肃反”造成的政治危机，刘志丹、习仲勋、高岗等人被捕，一些受到冤屈的陕甘干部战士对鄂豫皖根据地来的某些干部产生了怨愤，甚至出现了内部对抗的倾向。毛泽东、周恩来等人了解到“肃反”中出现冤假错案后，马上下令释放了刘志丹等人并重新给他们安排了工作，并对执行错误“肃反”的几个负责人做了严肃处分。周恩来还怒斥了认为刘志丹是“假革命”的来自鄂豫皖的保卫局局长戴季英，说：“像刘志丹这样的‘假革命’，是越多越好！像你这样的‘真革命’，倒是越少越好！”对这个过去在鄂豫皖地区一再搞“肃反”扩大化的人，中央给予了最后警告处分。随后，毛泽东还强调“人头不像韭菜”，割掉还能再长出来，因而在党内斗争中再不许杀人，即使处理错误也要留下活人给予平反。

从鄂豫皖来到陕北的红二十五军，过去也深受“肃反”扩大化之害。毛泽东同红十五军团的军团长徐海东会面后不久，知道他们那里有一支200余人的特殊队伍，由过去在鄂豫皖“肃反”时怀疑有问题的人组成，他们的党籍都被开除，行军时负责挑担等重活。毛泽东询问这些人的问题为什么不早点解决，回答是有的人成分不好，有的人的历史问题找不到证明人查不清。毛泽东便说，这些同志经过长征不跑，就是最好的证明。徐海东得到这句

油画《毛主席与习仲勋》，表现了毛泽东到陕北后任用了习仲勋等当地干部，打开了局面。（刘宇一作品）

话，马上兴奋地跑去向这些同志宣布，立即恢复他们每个人的党籍，并重新安排工作。

当时中央纠正了“肃反”中的错误，同时要求大家要以大局为重，化解对过去错误处理的怨愤，团结一致对敌。刘志丹出狱后也向当地干部解释：“过去了的事就不要再放在心上。”经过毛泽东等人的努力，中央苏区、鄂豫皖和陕甘地区的干部都团结在一起，从而解决了前一段“肃反”造成的根据地政治危机。过去有人称“陕北救中央”，讲起来是“中央救陕北”。

中央红军抵达陕北，指战员感慨“到家了”，随后看到这是一个太穷的家。陕甘是全国最贫困的地区之一，自然条件差，粮食收获很少。当地老百姓虽拥护红军，但自己的衣食却都普遍不足，不可能长时间供养外来的部队。到达那里的红军感慨，在江西招收的新兵还能带一身换洗衣服，从陕北来的新兵除了自己披的老羊皮外，也就只能带一双筷子。何况当地人口少，青壮劳动力还不足，不能大量扩军。

面对中央红军长征后减员极多、装备奇缺，且两者急需补充的情况，在1935年12月中央政治局召开的瓦窑堡会议不仅制定了建立抗日民族统一战线的方针和政策，而且提出了两大任务：一是“打通抗日路线”；二是“巩固、扩大现有苏区”，红军行动与发展的主要方向放在东边的山西和北边的绥远等地。

瓦窑堡会议旧址前的毛泽东塑像。

黄河以东的山西，因长期以来没有战乱，民间财力、物力较丰厚。当时统治山西的阎锡山虽拥有号称10万人的晋绥军，但兵力却不集中，也缺乏同红军作战的经验。红军向山西发展，既能解决红军的燃眉之急，又能跃出到河北、绥远，实现“打通抗日路线”的战略目的。这也是毛泽东后来提出的“在发展中求得巩固”的思想。在这一背景下，红军于1936年春发起了东征战役。

1936年2月20日，红一方面军开始东征，突破了晋绥军的黄河防线进入山西。阎锡山为阻止红军进攻，急调兵力加强防堵和反击。红军经石楼、关上村、兑九峪等地的战役，打退晋绥军后，以少数兵力在石楼、中阳等地钳制其主力，红一、红十五军团主力分南北两线展开进攻，占领了晋南和晋西的广大地区。红一军团在晋南动员了数千名新兵参加红军，这些新兵主要是到山西务工、受尽压迫的穷苦河南人。红十五军团甚至打到了离太原几十里的晋祠，直接威胁到太原。

阎锡山面对红军的凌厉攻势，情急之下只好向蒋介石求援。蒋介石得此良机，当即派出10个师分两路进入山西，并命令黄河以西的国民党军准备封锁黄河。为了保存力量，并利用蒋介石和阎锡山之间的矛盾争取阎锡山，5月初东征的红军奉命撤离山西，历时75天的东征战役胜利结束。对这次东征战役，毛泽东曾有过高度的概括和评价，那就是打了胜仗，唤起了民众，筹备了财物，扩大了红军。

东征期间，红军缴获各种枪4000多支和筹款50万元，招收新战士8000人，红军在兵员物资方面均得到补充。有的老红军回忆说：“长征到陕北后，红军减员的数量很多，有些部队只剩下空架子了，有些连长下放当班长，打仗缴来的枪都请人扛。现在几千名新战士涌进部队，队伍一下子就壮大了。”

东征的红军主力于1936年5月5日返回陕北，紧接着于5月18日组成西方野战军，并于次日开始西征。当时中央的考虑，首先还是要解决紧迫的经济与后勤问题，另外一个重要目的，则是向北打通与苏联、外蒙古的联系，取得外援。

5月19日，红军1.7万人在彭德怀指挥下，开始了对宁夏及甘肃的西征战役。当时，红军的主要作战对象是顽固反共的宁夏军阀马鸿逵、马鸿宾等部，而对东北军、西北军，则争取建立统一战线。其间，红军曾歼灭东北军四个骑兵连，对被俘人员均以礼相待，不但全部释放还归还了武器。7月27日，西方野战军主力集结于豫旺地区休整，准备迎接红二、红四方面军北上。

两个月的西征战役，给敌马鸿宾部等以沉重的打击，共俘获敌军2000余人、枪2000余支，征集了大量资材。此次出征还控制了甘肃的环县以及宁夏的盐池等地，开辟了纵横400多里的一大块新区，使原来的陕甘根据地范围扩大到陕、甘、宁三地，形成了后来响彻全中国的特定概念——“陕甘宁”。

中央红军长征到陕北后，毛泽东决定再建抗日红军大学，将经过长征的

油画《毛主席在红大作报告》。（何孔德作品）

军、师、团的干部分批调去学习，让这些有着丰富战斗经验的同志再提高理论水平。抗日红军大学起初建在陕北较繁华的镇子瓦窑堡，于1936年夏天迁往荒凉的保安县。“西安事变”后，1937年1月东北军让出了延安，抗日红军大学又随中共中央进入了延安。当时毛泽东亲自为抗日红军大学的学生上课，他的讲话稿的精华编成《中国革命战争的战略问题》，深刻总结了包括长征在内的十年内战的斗争经验，并进行了理论概括。光辉的毛泽东军事思想，以此为标志最终形成，指引着中国革命战争走向最后胜利。

以战促和教育东北军

中共中央决定把红军长征的落脚点定在陕北后，虽然不再有雪山草地的艰难和娄山关、腊子口的险峻，建设和发展根据地的任务仍不轻松。驻守在陕甘苏区西面和南面的国民党军队，主要是张学良的东北军和杨虎城的第十七路军，就此中共中央统一战线工作的重点在于争取这两支蒋介石视为“杂牌”的部队。由于东北军是原来西北“剿共”的主力，对其进行争取又成为当时统战工作的重中之重。

“九一八事变”之后，东北军背负着“不抵抗”的恶名退入关内，寄食于蒋介石而不得不听他调遣。几乎同所有军阀部队一样，东北军最初也迷信武力，对衣着褴褛、饱受堵截之苦的长征红军，并没有心甘情愿地接受和谈主张。

最先给东北军以教训的，是刚在陕北组建的红十五军团。1935年10月初，红十五军团在陕西甘泉县劳山地区设伏，歼灭国民党东北军第一〇〇师大部，俘虏2000多人，师长何立中受重伤后毙命。10月29日，红十五军团又发起了榆林桥战役，全歼东北军第一〇七师一部，俘虏了团长高福源。11月中旬，毛泽东、周恩来等人亲自指挥了有“奠基礼”之称的直罗镇战役，歼灭东北第一〇九师，俘敌5300余人。该师的师长牛元峰是张学良的亲信，逃跑途中走投无路又没有勇气自杀，便让副官开枪打死自己。

东北军损失了成建制的部队，蒋介石却取消其番号不许重建，并且不再提应发的70万元军饷。张学良明白，这是一石二鸟，想让他与红军两败俱伤，就此张学良对蒋介石产生强烈的不满。同时，张学良对红军的战斗力非常敬佩，多年后他还讲了当时的感觉：“我是带过兵的人，知道长途行军后的部队是什么样子。人家走了两万里还那么能打，这样的部队不得了！”

红军不仅能打仗，实行的俘虏政策也能攻心。东北军的不少士兵曾经当过红军的俘虏，他们知道下级士兵被俘会受到优待，遇到猛攻便纷纷缴械投降，不过东北军上层将领对红军还缺乏了解并有严重的对立情绪。如榆林桥战役中被俘的团长高福源，过去是张学良的亲信，因作战勇猛很受器重。红十五军团攻打榆林桥时伤亡比较大，军团长徐海东在暴怒之下曾经打了被俘的高福源两个耳光，并把他关押在军团部所在地。毛泽东知道此事后便给彭德怀打电话，要他将高福源接来并特意嘱咐："你们要好好地优待他，住到一定时候，他愿意回去，就让他回去。"

高福源到达设在甘泉的红一方面军指挥部之后，彭德怀亲自迎接了他。更让高福源感动的是，身为方面军司令员的彭德怀与他同住一个窑洞并长时间深谈，原籍东北鞍山的政治部秘书长周桓则天天陪着他参观红军营地，让他参加红军与东北军被俘官兵的联欢会。当"我的家在东北松花江上"的旋律响起来的时候，高福源禁不住落泪。

高福源被教育释放后，张学良见到他时还怒斥一番。高福源坦诚地说明在红军中的感受，并劝说"少帅"同共产党联合抗日以争取打回老家去。经过高福源秘密穿梭往来，红军高层与东北军首领建立了接触关系。中共联络局局长李克农与东北军第六十七军王以哲军长在洛川谈判后，又与张学良举行会谈，两军实现了全面停战，为联络方便还交换了密码。1936年1月25日，毛泽东、周恩来、彭德怀与20位红军高级将领还联名发布了《红军为愿意同东北军联合抗日致东北军全体将士书》。

红军在对东北军开展统战工作时，将东北军重要将领作为直接争取对象。直罗镇战役刚结束，毛泽东就同彭德怀致电红一军团首长林彪和聂荣臻，要他们迅速释放被俘虏的东北军军官数名。随后，红军又制定俘虏政策，优待东北军官兵，不但一律不杀，还要资遣回队，对负伤官兵均照红军伤员一体医治。此举犹如一石激起千层浪，在东北军中引起强烈反响，士兵们不仅不愿意同红军打仗，其中还有不少人秘密加入了中国共产党。

1936年3月上旬，张学良在其下属同中共方面举行过会议后，提议最好由毛泽东或周恩来到肤施（延安）与他深谈。当时毛泽东正在东征前线指挥作战，周恩来便秘密前往。

4月7日清晨，周恩来带领李克农、高福源等人前往延安，张学良也亲自驾机带领王以哲等人从西安飞到这座尚在东北军占领下的陕北名城，迎接周恩来一行。

油画《周恩来与张学良在延安》表现了1936年4月双方的会谈。（吴云华作品）

在延安城北的一座天主教堂内，周恩来同张学良详细交换了看法。张学良提出要争取蒋介石，设法扭转其“攘外必先安内”的错误政策，逼他走上抗日道路。周恩来列举了蒋介石对内镇压和对外妥协的累累罪行，然后意味深长地说：“要让步，还要斗争，这样才能达到真正的团结。”会谈整整进行了一夜，张学良深深为谈判对手的胸襟与智慧所折服，几十年后在答记者问时还称最佩服的人是周恩来。

经过秘密谈判，张学良同意帮助红军集中到陕北再进入华北，如川康地区的红四方面军北出甘肃，东北军可以让路；红二、红六军团北上的通路因在中央军区域，他可以从中斡旋。张学良还答应，帮助中共从新疆开辟一条通达苏联的国际通路，陕北苏区所需的一些普通货物，红军可到东北军控制区设店自购，他可以为红军代办军用品并供给子弹。

在谈判中，中共也为东北军提供了帮助，红军同意开放富县、甘泉、肤施（延安）的交通，当地东北军部队所需粮柴等物可向苏区群众凭价购买。更重要的是，驻陕西的东北军从此不再遭受红军打击，其官兵从此可以安心过日子。

1935年末开始的近半年，东北军同红军在事实上已经实现了停战，这一情况也被蒋介石发现。当时瓦窑堡成为中共中央所在地和陕甘根据地的中心，中国抗日红军大学也设在城内北侧的米粮山上。1936年春，蒋介石严令东北军进兵“剿共”，要直捣共产党的基地腹心，并以对行动不力的部队实行惩处和停发军饷相威胁。此时，中共中央考虑到必须让张学良对蒋介石有所交代，便秘密同东北军打了招呼，同意主动让出瓦窑堡，使其能向蒋介石报告“收复瓦窑堡”的“战绩”。1936年6月，中共中央迁往保安县城（今志丹县），继续实行推进抗日民族统一战线的新方针。

当时张学良同中共方面的来往处于秘密状态，东北军中一些将领对此并

1936年秋，蒋介石（左一）到西安督促“剿共”，遭到杨虎城（左二）和张学良（左四）反对，“西安事变”发生。

不知情或不赞同，他们中有些人受蒋介石驱使也对红军采取过敌对行动。如1936年秋天东北军骑兵军何柱国部跟随中央军胡宗南部，也向宁夏一带的红军控制的区域进攻。红军对进犯者自然要给予打击，事后仍释放被俘者，并对其进行劝说，指导方针正是中央规定的“原则不让步，交涉不破裂”。正是通过耐心工作和刚柔相济的统战策略，中共中央对东北军的统战工作获得了极大成功，这不仅使红一方面军东征、西征免除了后顾之忧，又使红二、红四方面军长征北上实现三军会师减少了很多阻碍。张学良率领的东北军同红军走上合作之路，又为“西安事变”的发生创造了前提条件。

联络西北军并重点争取杨虎城

在红军长征前的中国军阀割据的形势图上，陕西属于西北军杨虎城的地盘。在1930年的蒋介石、冯玉祥、阎锡山大混战后，蒋介石委派由西北军归顺来的杨虎城统治陕西，南京政府也派了些人员进入当地。红军到陕西建立根据地，不可避免要同当地的统治者杨虎城发生纠纷，如红四方面军、红二十五军入陕时都曾同杨虎城部西北军兵戎相见。毛泽东率领中央红军到达陕北后，很快改善了同该部的关系。原属冯玉祥旧部的杨虎城的第十七路军

画面表现了大革命时期冯玉祥（中）指挥的西北军的形象，当时受共产党的影响，西北军穿苏联红军式军装，戴八角帽。

虽然只有4万多人，但毕竟是陕甘一带的“坐地户”，红军与其建立统战关系才站稳了脚跟。

杨虎城所率的第十七路军，原属冯玉祥统领的西北军系统。大革命时期，冯玉祥的西北军同共产党建立过合作关系，并请刘伯坚、邓小平等人到军中主持政治工作。当时杨虎城本人思想“左”倾，部队中也建立过共产党组织，在蒋介石发动“四一二”反革命政变之后他与共产党的联系也未完全断绝。1930年蒋介石打垮冯玉祥时收编了杨虎城部，不过对西北军官兵所发的薪饷尚不及中央军的一半，南京政府还派了特务到军中极尽监视和挑拨之能事。1932年红四方面军进入陕南和川北时，蒋介石乘机派嫡系胡宗南的第一军跟踪进入宝鸡、天水，对红军和杨虎城实行两面监视。

夹在红军和蒋介石之间的杨虎城，心情十分苦闷。为保自己的地盘，他曾派兵拦截红军，在1935年上半年被从鄂豫皖长征而来的红二十五军消灭了三个多旅。战后，蒋介石不给西北军补充，目的无非是一箭双雕，既削弱红军又铲除异己。南京政府还以增加西北“剿共”力量为名，将流亡入关的张学良的东北军十几万人从鄂豫皖一带调到陕甘这个贫瘠之地，让张学良、杨虎城率领的两军因相互争利、争地盘而发生冲突，这种形势使杨虎城彻底认识到继续“剿共”绝对没有出路。

毛泽东在陕北向红军指战员讲话，特别强调要建立抗日民族统一战线。

在当时的历史环境下，红军与杨虎城毕竟是敌对的双方，一举实现和解并不容易。1935年秋季之后，到达陕北的中共中央决定推进建立抗日民族统一战线。同年11月，曾为杨虎城担任过秘书长的秘密共产党员南汉宸托人到南京，向正在参加国民党第五次代表大会的杨虎城说明了中共中央建立统一战线的主张，并劝他与共产党联合抗日。

听了中共方面的劝告，杨虎城也认识到前有日本步步紧逼，后有蒋介石虎视眈眈，身旁又增加了一支东北军，只有联共抗日才有出路。于是，他冒着“通共”的危险，将南汉宸派来的人留在身边，并将其带回西安，安排在西北军中工作，以此同中共进行联络。

得知杨虎城联共决心，共产党方面更进一步积极争取。1935年12月5日，毛泽东在动身前往瓦窑堡的前一天，以自己和彭德怀的名义亲笔给在西安的杨虎城和第十七路军总参议杜斌丞写信，言辞恳切。给杨虎城的那封信是用文言文写就的，颇有先秦散文的文风，堪称流传千古的统战佳篇。信中说道：“盖日本帝国主义实我民族国家之世仇，而蒋介石则通国人民之公敌。是以抗日反蒋，势无偏废。建义旗于国中，申天讨于禹域，驱除强寇；四万万具有同心，诛戮神奸，千百年同兹快举。鄙人等卫国有心，剑履俱奋，行程二万，所为何来，既达三秦，愿求同志。倘得阁下一军，联镳并进，则河山有幸，气势更雄，减少后顾之忧，增加前军之力。”

毛泽东的信中，有一段尤其令杨虎城感动——“重关百二，谁云秦塞无人？故国三千，惨矣燕云在望。亡国奴之境遇，人所不甘；阶下囚之前途，避之为上！”

毛泽东的亲笔信由曾在第十七路军工作过的中共中央特派员汪锋亲自送交。汪锋动身去见杨虎城前，周恩来对他千叮咛万嘱咐，强调要特别注意总结兵运工作的经验教训，指示汪锋在被视作友军的第十七路军中，不要搞兵暴或分裂、瓦解活动，保存现有的中共党组织即可，要把工作的着重点放在做上层军官的工作上。

中共中央对西北军政策的这一转变，充分体现了统战的诚意，令杨虎城非常感动，他随即表示拥护中共中央提出的“实现西北大联合”的政治主张。1936年2月，党中央又派中共中央北方局情报部部长王世英从天津到西安，与杨虎城商谈并达成了四项协议：

一、在共同抗日的原则下，红军和第十七路军各守原防，建立友好关系，互不侵犯；

二、双方互派代表，互通情报，红军在第十七路军设电台秘密联系；

三、第十七路军在适当地点设立交通站、运输站，并掩护红军人员来往；

四、双方共同为抗日进行准备工作，先从部队进行抗日教育为主。

1936年4月，同杨虎城私交甚厚的中共地下党员王炳南从德国回到西安，被中央委派专门做杨虎城的统战工作，并留在第十七路军中。同年8月中旬，毛泽东又派出了自己的秘书、原红三军团政治保卫局局长张文彬前往西安，随身带去了给杨虎城的信。毛泽东在这封信中承诺，如果杨虎城以诚意参加抗日民族统一战线，那么他的一切顾虑和困难，红军都愿意代为消除和解决，丝毫不会损害杨虎城和第十七路军的利益。

1936年7月下旬，在一次中央政治局会议上，毛泽东肯定了在西北地区的统战工作，提出要把建立统一战线放在第一位。毛泽东同时还提出，借鉴东北军工作委员会经验，在杨虎城的西北军中，也要建立工作委员会。红军对杨虎城的统战工作的巨大成效，不仅体现为双方停止了战事，而且杨虎城还与张学良联手发动“西安事变”，对蒋介石实行“兵谏”，最终促成“停止内战”和“全国团结抗日”的局面。

“西安事变”前的杨虎城。

后来揭秘的史实说明，在发动“西安事变”

时，张学良率领的东北军担任了行动主力，提议者却是杨虎城。后来蒋介石为了报复，杀害了杨虎城及其子女，然而这位爱国将领因做出了历史贡献而始终受到中国共产党人的纪念。

形成陕甘宁根据地，三大主力都到此落脚

中央红军长征到达陕北后，经过东征、西征，再加上同张学良、杨虎城部建立了统一战线，原来只有40万人口的陕甘根据地扩大了几倍，红军也扩充了一倍以上。至1936年秋天，红一方面军和陕甘地方红军数量发展到3万余人，显示了在西北发展的良好前景。

此时红一方面军进入宁夏、甘肃一带，为红军三大主力会师创造了良好的条件。全国抗日形势的高涨，也需要红军主力尽快集中到北方以接近抗战前线，偏守西南一隅只能是死路一条。在这种形势下，被困在甘孜藏区的红四方面军广大干部纷纷要求北上，长征到达那里的红二方面军更是坚决主张尽快同红一方面军会合，张国焘因无法再坚持错误方针也只得表示同意。

1936年7月，红一方面军得知红二、红四方面军北上，将西方野战军主力集结于宁夏豫旺地区休整以准备迎接。休整期间，彭德怀司令员向西方野战军特别强调了民族政策，还特别注意对前来拦截的东北军进行宣传争取，号

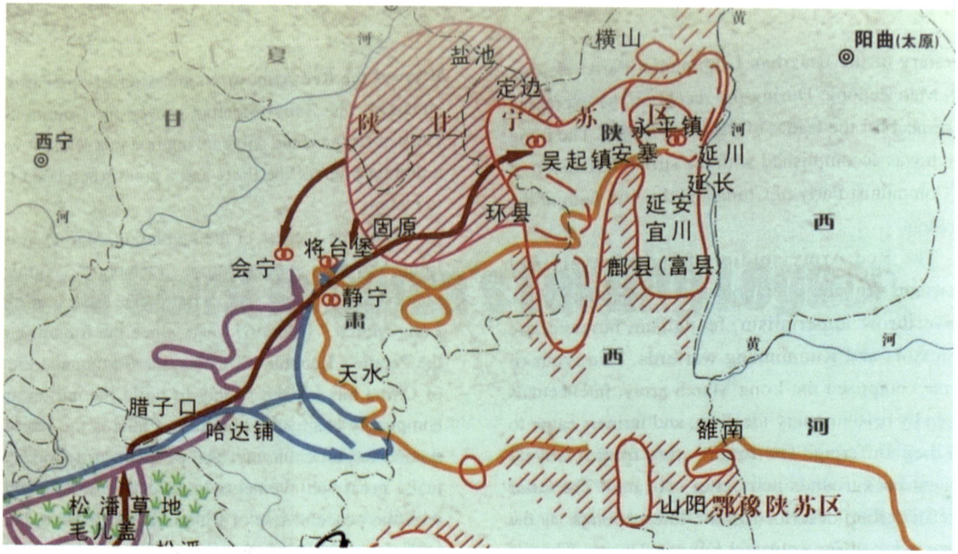

各路红军到达陕甘宁地区的示意图。暗红线为中央红军，棕色为红二十五军，紫色为红四方面军，蓝色为红二方面军。

召他们“打回东北老家去！”“枪口对外，中国人不打中国人！”经过有效的统战工作，东北军、西北军均有意避战，从而方便了红军的会师。

9月间，红二、红四方面军战胜了严酷的自然条件，通过草地进入了甘肃境内。此时，中共中央制订了先夺取宁夏打通国际路线（苏联同意从外蒙古运送武器和物资到宁夏定远营），再联合东北军、西北军夺取大西北的计划。据此，红一、红四方面军担负了北上任务，红二方面军奉命向甘肃南部发展，担负掩护任务。不过敌情出现了变化：“两广事变”被南京政府平息，蒋介石最精锐的胡宗南部此前被调往湖南准备对付两广军阀，又被调回了陕甘之间的地区，用于拦截北上的红军。

由于红二方面军原定落脚甘南的计划难以实现，三个方面军分路向陇东和宁夏交界的地区挺进。此时中央确定了“会宁会师”计划，以实现三军的会合，争取下一步再夺取整个宁夏。

张国焘到达陕北后同毛泽东的合影。

对于三大主力会合的地点，中共中央在讨论时曾有一个带有寓意的说法。毛泽东回顾红一、红四方面军会合后的情形说：“上次和张国焘会合选了个两河口，结果分道扬镳了，这次不能再重蹈覆辙了。”周恩来则针对陇东的会宁这一地点说明：“会宁是陇东重镇和交通枢纽，北控靖（远）、海（原），西障定（西）、临（夏），南蔽秦（安）、通（渭），东跨隆（德）、泾（源），素有‘秦陇锁钥’之称，古代是中原通往西域的必经之路。”他还认为，主力在会宁会师即占领了交通枢纽，能掌握战略主动权。毛泽东随即称赞会师地点：“会宁，好地名，好地名啊！会宁，会宁红军会师，中国安宁。”

在三大主力会师前，中共中央通过同南京政府的秘密商谈接洽，已决定派周恩来前往香港或南京同蒋介石谈判，以停止内战共同抗日。此时解决了“两广事变”的蒋介石却气焰嚣张，提出的谈判条件极为苛刻，不肯谈合作而只讲“收编”红军。中共中央决定，此时周恩来不能出去，必须以作战求和平。周恩来随即受中央委派从陕北的保安西进，作为迎接红二、红四方面军的"欢迎大使"，同时以他崇高的威信协调三个方面军一致行动。

10月7日，红四方面军的第四军一部到达会宁，与红一方面军第十五军团的第七十三师会合。接着，红一方面军的第一师师长陈赓赶到，担负起接待任务。他过去在鄂豫皖根据地当过师长，同红四方面军的多数高级干部都很熟悉，被认为是最合适的人选。见面后，两军战友含着激动的泪水，紧紧拥抱在一起，互致问候。指挥红四方面军北上的徐向前总指挥、陈昌浩政委等致电毛泽东，兴奋地说："在会宁我们已经与红一师的战士们见面了。他们英勇杀敌的气概、和蔼可亲的态度，使我们景仰钦佩。"

10月9日，朱德总司令和张国焘总政委率领红军总部到达会宁，同周恩来在路上相遇。随红四方面军南下而分别了一年多的朱德，终于见到了老战友。张国焘后来回忆说，周恩来同他握手言欢，绝口不提出现分裂的那一段不愉快的往事。但红四方面军南下碰壁的无情事实，毕竟无法回避，面对一年前

会宁县城的"会师门"，红一、红四方面军在此会师。

油画《三大主力会师》。（蔡亮、张自嶷作品）

被他指责为“北上逃跑”的“毛、周、张、博”，张国焘自然满脸尴尬。

10月22日，任弼时、贺龙也率领从甘南敌军包围圈中奋力冲杀出来的红二方面军到达宁夏西吉县的将台堡，同红一方面军会师。至此，红军三大主力在西北高原终于完成了历史性的大会合，部队响彻起这样的歌声：

“三大主力军，西北高原胜利会合了！

欢呼三个方面军，百战百胜的英勇弟兄！……”

三大主力红军会师，宣告了国民党反动派围追堵截聚歼红军阴谋的破产，标志着三支被敌人长期隔断的主力红军聚集、团结在一起。

回顾长征史，各路红军经历过七次大的会师，即红二、红六军团的木黄会师，红一、红四方面军的达维会师，红二十五军同陕甘红军的会师，中央红军同红十五军团在陕北的会师，红二、红四方面军的甘孜会师，红一、红四方面军的会宁会师，红一、红二方面军的将台堡会师。其中发生在西北高原上的会宁会师和将台堡会师，才是三军大会师，是最隆重也最有历史意义的主力红军会师。至此，过去分散在各个根据地的主力红军终于在统一指挥下统一行动，中国革命的大本营和主要力量完全集中到了西北。

红军大会师后，中共中央决定成立以毛泽东为主席，周恩来、张国焘为副主席的军委主席团。至此，红军主力部队终于在统一指挥下作战，毛泽东成为全军公认的最高统帅。

三大主力会师时毛泽东还远在陕北，张国焘在干部中已威望扫地，周恩来

图中描绘了陕甘红军领导人，左起：习仲勋、刘志丹、谢子长。主力红军长征到达陕甘前，他们已经在当地领导开辟了根据地。（刘宇一作品）

便出面统一协调三个方面军的作战，彭德怀以前敌总指挥身份到第一线具体指挥。接着，各路红军统一协调行动，在山城堡消灭了进逼的胡宗南部一个旅，迫其后撤，随后除已渡黄河的西路军外，河东的主力部队有了较长时间的休整期。

三大主力红军会合时总数超过6万人，再加上留在陕甘苏区的地方部队和机关则有近8万人。远道而来的红二、红四方面军的冬衣问题，一时成了大难题。由于国内进步组织通过地下渠道汇款、张学良等人提供了部分资助，共产国际也通过上海提供了些援助资金，红军有了一定的购物能力。红一方面军的领导人利用关系，在陕甘交通要道上派人买下商旅准备运往新疆的棉花布匹及当地的部分皮货，迅速赶制成冬衣，解决了严寒来临前全军的燃眉之急。

红军长征胜利结束后，为了发展革命力量并迎接抗日新高潮，中共中央决定在猛烈扩大红军的同时也要迅速发展党员。为此，红军中原来的共青团员全部都转为共产党员，暂时结束共青团而建立"抗日民族解放队"之类的群众性团体，以团结更多的青年。

让红军中的共青团员全部都转为共产党员，经过长征的非党战士只要愿意入党也都可批准，这是因为万里长征是对每个指战员最好的考验。在征途中，总是党员骨干冲锋在前。据粗略统计，虽然党员在部队中的比例占1/3，

油画《走出泥沼》表现长征使中国革命走出困境，前排左起为彭德怀、周恩来、毛泽东、张闻天、朱德。（沈尧伊作品）

牺牲比例却在1/2以上。当时受“左”的错误影响，有些队伍中出现对同志乱怀疑，并歧视知识分子和成分不好的人的现象，一些人受了冤屈依然坚定地随部队行军。长征成为一个大浪淘沙的过程，动摇者和投机分子根本坚持不下来，这种严峻的环境考验也为发展党员创造了特殊条件。

中共中央到达陕北时，毛泽东、周恩来不仅提出经过长征考验的指战员均可入党，而且规定“凡属经过长征的分子，一律免除候补期”。中央认为，这些同志能够坚持走到陕北，这就是检验他们合乎共产党员标准的一个最好明证。

在长征中及其前后，红军经历了一个马鞍形的前进发展过程，革命力量一度跌入谷底，而后在以毛泽东为代表的正确路线指引下转危为安，又迎来了大发展。经过总结正反两方面的斗争经验，中国共产党人从此掌握了中国革命战争的特殊规律，后来就能得心应手地驾驭对敌斗争并取得一个又一个胜利。

到达陕甘宁的红军虽然人数较长征前大幅减少，事实上力量却更为强大，并从此走上了大发展的新征途。事后证明，那些经历过长征千锤百炼的红军战士，差不多都有其他军人难以得到的丰富作战经验，政治上也非常成熟，几乎人人都可以当干部带兵。

陕甘宁苏区，是土地革命十年间中国共产党人在经历挫折后硕果仅存的一块根据地，在红军放弃了南方后，那里成了最后的落脚点。红军三大主力

这幅画作表现了毛泽东、周恩来到达陕北时的情景。（沈尧伊作品）

在那里会师后，陕甘宁根据地又成了革命走向新高潮的出发点。

长征的口号是“北上抗日”，这并非只是宣传口号而是重要目的，这是中国共产党人将解决自身生存危机同解决民族危机相结合而采取的一项有重大战略意义的行动。主力红军都到达了陕甘宁地区，那里又接近抗日前线，这也预示着全民族抗战的新局面即将形成。长征结束后不到一年，红军在改编后就从陕北走上了广阔的抗日战场，很快就有了极大发展，在抗战的烽火中壮大为百万大军，成为最后取得中国的民族革命、民主革命双重胜利的根本保证。

十 长征感动中国和世界

在世界历史上，万里长征同万里长城并列为中国人创造的震惊世界的两大奇迹，也是中华民族坚韧不拔、顽强奋斗的意志象征。参观过长城的世界几十位国家元首，大都赞叹这是古代史上令人惊叹的伟大工程。了解红军长征的各国要人，也都将其称为世界军事史上堪称英勇顽强典范的长途转战，远超过西方人赞叹的汉尼拔率军翻越阿尔卑斯山的行军。可以说，长征是继“四大发明”后，中国人对人类的又一大贡献。

“红军不怕远征难，万水千山只等闲……”这首绝大多数国人都熟悉的诗，多少年来一直激励着一代代中国人奋斗向前。追溯起来，以这两句诗为开篇的《七律·长征》，其实最早是在1937年由美国记者斯诺发表，并附在《西行漫记》中，可以说是毛泽东在国内流传的第一首诗。中国共产党人于1934—1936年进行的万里长征，本身就是一首壮丽的诗，在中国历史上是空前壮举，当年就影响了全国革命者和广大进步人士，也传扬到全世界并引起广泛的惊叹。

中国共产党通过长征形成以毛泽东为核心的中央领导集体

中国革命的奋斗历程艰难曲折，红军长征是其中一个最重要的转折点。此前“左”的错误几乎把革命引向绝境，南方根据地全部放弃，等于损失了

90%的根据地，白区的党组织也几乎被破坏殆尽。通过长征，中国革命在“山重水复疑无路”后，迎来“柳暗花明又一村”，其中的重要标志就是形成了以毛泽东为核心的中央领导集体的基本格局，全党从此在正确的领导下由低谷走向了辉煌的高峰。

1921年中共成立后，几年间以新文化运动的领袖陈独秀为最主要的负责人，事实却证明他不能胜任领导革命斗争的工作。大革命失败后，中共领导核心变化频繁，负责人很不稳定，这虽然是此时复杂斗争造成的客观结果，但也是中共尚不成熟的标志，共产国际又以“太上皇”身份经常做出错误的指示。中央苏区第五次反“围剿”和中央红军长征前期以湘江战役等为典型的失败教训，使广大党员干部和红军指战员对党中央领导人的领导能力产生了怀疑。在这一怀疑之下，原来担任中华苏维埃共和国临时中央政府主席这一虚职的毛泽东被拥戴为红军领导，事实上也成为全党的领袖，这打破了过去由共产国际指定我党的领导核心的格局，中国共产党人终于能自己选择和确定革命的领袖，开创出有本国特色的革命道路。长征中的遵义会议，正完成了这一伟大的历史任务，起到了扭转乾坤的作用。

油画表现了遵义会议期间的毛泽东同周恩来、张闻天、王稼祥、陈云和刘伯承在一起的情景。（沈尧伊作品）

遵义会议和毛泽东领袖地位的形成，同红军长征的胜利紧密相连。长征的胜利挽救了中国革命，毛泽东的领袖地位也被全党公认，对现代中国的发展产生了巨大影响。长征不仅使现代中国最有生命力的政党——中国共产党形成了一个坚强的领导核心，还有了一支受党领导、统一而过硬的武装力量。具备这两个因素，中国革命的胜利和新中国的成立就成为必然。

油画《长征是宣言书·宣传队·播种机》表现了毛泽东到达陕北时向部队讲话的情形。（沈尧伊作品）

“长征”作为一个光辉且影响深远的名词，最早并非由毛泽东提出。1935年5月，长征途中的中共中央在发表的《中国工农红军布告》中首次提出：“红军万里长征，所向势如破竹。”在中国革命文献中，这是第一次将战略转移的军事大撤退行动定义为“长征”。虽然这份布告署名为“红军总司令朱德”，但其实起草者是时任红军总政治部宣传部《红星》报主编的陆定一。不过当时发布这样的布告，要经过毛泽东、朱德等人认可，说明这也代表着他们的想法。

提出了“长征”这个概念之后，它的成功就成了中国共产党的希望，也成了国内进步人士的期盼。对红军退出南方根据地之举，国民党当局的宣传是“朱毛赤匪”已被赶出江西被迫“西窜”，还一再称红军很快就会在“追剿”中被消灭。随后全国看到的事实是，红军并未被消灭，而是到了西北落脚，这等于宣布了国民党“追剿”的失败，预告着中国革命仍有光明的前途。

从1934年10月中央红军开始长征算起（如以红六军团出征为开端，还要提前两个月），直至1936年10月三大主力会师，在整整两年的时间里，红军的主力从南方向西北进行了艰难的战略大转移。红一方面军（即中央红军）长征经过的省份达11个，即赣、闽、粤、湘、桂、黔、滇、川、康、甘、陕（当时六盘山一带还属甘肃而不属宁夏），再加上红二方面军和红二十五军都走过的青、豫、鄂三省，红军长征共经过了14个省（长征经过的省份按新中国成立后的行政区划，撤销了西康省，却又增加了宁夏回族自治区，仍是14个）的险阻山河。所经过的地区有2亿人口，他们中多数人不仅听说了红军，一些人还亲眼看见红军，知道这是一支坚强的为人民利益奋斗的军队，这大大扩大了共产党的影响。

当中央红军长征到达陕北时，毛泽东就说："长征是宣言书，长征是宣传队，长征是播种机。"他具体解释说："长征又是宣传队。它向11个省内大约两万万人民宣布，只有红军的道路，才是解放他们的道路。不因此一举，那么广大的民众怎会如此迅速地知道世界上还有红军这样一篇大道理呢？长征又是播种机。它散布了许多种子在11个省内，发芽、长叶、开花、结果，将来是会有收获的。"

事后证明，长征播下的种子，果然在随后全面的抗日战争中开花结果。受到红军影响的全国进步人士纷纷拥护并踊跃参加由红军改编成的八路军、新四军，这不仅保障了抗战的胜利，也为中国革命力量最后战胜反革命力量积蓄了雄厚的决定性力量。

长征途中就有人宣传红军事迹

红军长征时同外界断绝了电讯联络，部队在荒凉、偏僻和封闭的西部地区跋涉，国民党的宣传媒体只以充满恶意的语气报道红军"流窜"到某地并"劫掠裹胁甚众"。在苏联任中共驻共产国际代表团团长的王明，自1934年秋天起也不知道国内党中央和红军的情况，在1935年7月的共产国际第七次代

这幅油画表现的是1935年夏天陈云（左三）赴莫斯科向共产国际汇报长征和遵义会议情况，图中左二为王明，左五为斯大林。（沈尧伊作品）

表大会（简称“共产国际七大”）上只以旧有的材料和自己的想象介绍中国红军的情况，夸张地说国内已有6000万人口的苏维埃区域。

共产国际在召开七大前夕，其负责人虽然还未同中共中央恢复联络，却从新闻报道中获悉，中国工农红军红一、红四方面军在川西胜利会师，就此对长征的成就大为称赞。这次大会高度评价了中国工农红军进行长征和革命斗争的重大成就和意义，共产国际执委会书记曼努意斯基就在会上赞扬长征“证明了红军具有中国任何军阀所不能击破的高度觉悟性、超人的坚韧性和战斗精神”，“中国共产党是英勇斗争的模范”，并号召各国共产党和劳动人民学习中国共产党领导红军斗争的革命经验和革命精神。在共产国际七大选举出的新的共产国际执行委员中，中国共产党人有4名（即毛泽东、周恩来、王明、张国焘），毛泽东还列在首位。这一事实也说明，中共在共产国际中的地位，已超过当时被希特勒严重摧残的德国共产党，仅次于苏联而居第二位。毛泽东以其在征途中建立的功绩，也被共产国际认定为中共的第一位领袖人物。

当时长征中的红军虽然让众人关注，“朱毛”的威名响彻全国并传扬到世界，然而征途中的真实情况如何，一时在国内外却都成了一个谜。

“朱毛”——中国红军乃至中国革命力量的象征。

作为中国革命新闻事业的开拓者之一的范长江，在国内公开媒体上首次详细报道了红军的长征。1935年5月，年仅26岁的范长江从北平赶到天津，找到当时被誉为中国报业“三杰”之一的《大公报》总经理胡政之，并表示，“我要去考察西北，去了解红军”。胡政之立即答应，并请他考察后为《大公报》写稿。范长江马上南下，于同年7月中旬离开成都沿川西奔赴兰州，到达红军长征走过的许多地方，在几个月的采访后写下了《岷山南北“剿匪”军事之现势》《徐海东

油画《遵义会议》表现了长征中形成的中国共产党新的领导核心。（彭彬作品）

果为萧克第二乎？》《红军之分裂》《毛泽东过甘入陕之经过》等一系列报道。他用第三者的口吻写稿，以正面形象描述红军的长征，满足了国统区读者渴望了解红军和长征情况的需要，在社会上轰动一时。1936年12月“西安事变”爆发后，范长江又前往陕北采访，见到周恩来、张闻天等人，还同毛泽东彻夜长谈。随后他在国内发稿介绍了“西安事变”的真相，不仅引起热烈反响，毛泽东看到文章后还亲笔致信表示谢意。

红军长征时，国内外政治形势有了极大变化，日本的不断入侵使中国的对外民族矛盾超过国内的阶级矛盾。中国共产党人根据这一新形势，及时提出了“北上抗日”的口号，随后在全国范围内展开了相应的宣传，以争取“停止内战，共同抗日”。

中共中央长征离开赣南时，原设在上海向莫斯科转发电报的秘密电台被国民党特务侦破，以中转方式同共产国际的电讯联系就此中断。长征中的红军很希望将自己的情况向国际通报，同时也急盼得到外来援助，然而在国民党军的围追之中派出联络人员又非常不易。

遵义会议后，中共中央派出潘汉年前往上海，以图恢复同白区党组织及共产国际的联络，他到沪后不久即前往苏联。长征经过大渡河时，中央在泸定会议上决定派陈云前往上海恢复白区工作。陈云在地下交通员的掩护下出川到达上海，发现当地党组织被破坏殆尽，无法开展工作。1935年8月5日，陈云便在黄浦江边秘密登上一艘驶向海参崴的苏联货船，从那里再转乘火车到达莫斯科。

共产国际领导人在陈云到来后，比较全面地了解到红军长征前期的情况，包括遵义会议对领导人事的决定。这时共产国际刚结束了第七次代表大会，斯大林出于苏联面临德国、日本法西斯两面威胁的现实，改变了过去“左”的对外政策，向各国共产党提出应团结各阶层建立反法西斯统一战线。根据这一新政策，中共驻共产国际代表团团长王明等人于8月1日起草了呼吁国内各党派停止内战一致抗日的宣言，以中共中央和中华苏维埃共和国中央政府的名义发表，后称《八一宣言》。陈云到达莫斯科，正好为推动统一战线的宣传提供了第一手材料。

当时，对外宣传红军长征的真相，呼吁国内各阶层停止内战，成为中共驻共产国际代表团的重大工作。当时苏联在国外的新闻机构一直受到西方的恶意丑化攻击，其报道也很难被国内媒体接受和转载，于是中共代表团便决定派出刚参加过共产国际七大的吴玉章前往法国，创办《救国时报》，以中间立场的口吻宣传统一战线新政策。当年孙中山在日本创办同盟会时，吴玉章便参与其中，同国民党元老们大都很熟，他到法国创办报纸并向国内发行具备特殊有利的条件。1935年12月9日，《救国时报》的创刊号上便刊登了朱德、周恩来和红军各军团长及全体指战员致东北抗日联军及全国诸军政领袖、部队官兵、民团弟兄的“快邮代电”，呼吁团结抗日。此文虽然是在莫斯科拟就的，但却迅速传到国内并造成了很大的影响。

1936年春，法国巴黎华侨组织主办的《全民月刊》上又刊登一篇《随军西行见闻录》。这篇3万字的文章以第一人称详细记述了红军长征过程，语言生动，为读者所喜闻乐见，很快传到国内并广泛流行。此文的作者只署了一个笔名“廉臣”，从时间上看这也是最早在国际上歌颂红军长征的一篇文章。

在《随军西行见闻录》的开篇中，作者自称是1933年3月第四次反“围剿”时被红军俘虏的国民党军随军医生，随后被红军留用。接着他以中间立场的口吻叙述了自己跟随中央红军长征历尽千难万险到达四川懋功与红四方面军会合的情况，并说自己在这时的一次战斗中被“冲散”，在朋友帮助下回到“家乡”。

这个自称站在中间立场的“医生”，在文中描述的情况都是中共领导人和红军英勇斗争的事实。例如他在写红军“四渡赤水”时，宣传毛泽东高超的军事指挥艺术时说：“赤军此种狡猾机动之作战方法，常以出奇制胜，此均为毛泽东、朱德之特长。故在红军中，毛泽东有‘诸葛亮’之称。”

这篇见闻描述了红军经过各地都受到民众普遍拥护的情况，如通过粤汉铁路时有不少工人参军，渡过金沙江时因纪律严明感动了一些船工，他们也随之北行。文中还写到红军经过彝民区等少数民族地区的情况，说明如何受到热烈欢迎。文中还写到红军在遵义等地作战连连获胜，大败国民党中央军追兵，而一些国民党军俘虏经过教育自愿参加红军。文中还讲述了许多生动的故事，绘声绘色地再现了长征中的具体情景，确实非亲历者不能写成。

“医生”在文中称赞红军时，对国民党南京政府军也未使用攻击性语言，只是以劝说停止内战为主，论据也很充分。作者列举当时国内新军阀混战的历史，以雄辩的事实说明，各省军阀同以蒋介石为首的南京政府作战，都是一两个月最多几个月就被打败，而红军战斗了几年却越战越强，是国内除南京政府军之外战斗力数一数二的军队。文中最后的结论是，南京政府军不可能消灭红军，如果再打几年，“且不论谁胜谁败，而日本早已亡我中国矣”！“如果停止自杀，而共同杀敌，则不仅日本不足惧，我中华民族亦将从此复兴矣”！

这位作者假托自己是医生，由于要给人看病，能接近红军上层领导并对他们进行近距离观察式的描写，看来合情合理，可以叙述从上层看到的一些红军长征全局。作者站在中间立场描写红军长征历史，可以比较国民党与共产党的作为，宣传共产党得民心的事实，让读者经过思考对共产党和红军产生正确认识。作者又以一个在国共两党军队中都工作过的人员身份说话，呼吁国共再度合作抗日，也有利于向国内各阶层的人士进行宣传。

红军时期的陈云。（孙浩作品）

《随军西行见闻录》在法国发表后即传回国内，马上在地下广为流传。看过此文的许多人，都感到其作者不是一般的“医生”，讲出的话水平之高、眼光之长远，着实具有政治家的眼光和思想水平。1978年国内实行改革开放之后，党史界才揭开了谜底，说明此文其实是当时的中央政治局委员陈云到苏联后所写。

此时中国共产党在海外宣传抗日民族统一

1935年拍摄上映的电影《风云儿女》的宣传海报，其主题曲《义勇军进行曲》响彻中华。

战线的媒体中，《救国时报》发挥了最大的作用。它在国内外拥有广泛的读者，成为广大进步青年非常喜欢的报刊之一，创刊不到一年就发行了2万份，仅国内就有1万余份。该报不仅在北京、上海、广州、重庆等大城市半公开地流行，就是在西康、新疆等边远地区和若干小城镇也有读者，甚至传到远在东北深山老林里的东北抗日联军中。中国工农红军通过长征已接近北方抗日前线的消息，也通过该报到处传扬。

红军长征期间，国内形势正像1935年上海的电影《风云儿女》的主题曲《义勇军进行曲》所唱的那样——“中华民族到了最危险的时候”。在这种形势下，陈云在莫斯科化名写文章歌颂红军长征的壮举，并向国民党当局和全国民众呼吁停止内战，正顺应了国内各阶层群众的要求。加上《救国时报》的宣传，全国各阶层爱国人士产生了团结抗日的共鸣，这也昭示着全民族团结抗战的时刻很快就要到来。

红军中随行的外国人也介绍长征

红二、红六军团长征时，队伍中还有一名外国传教士作为特殊的参加者，其中国名字是薄复礼。他本名勃沙特，出生于瑞士，后随父母移居英国，于1922年被英国教会派到贵州传教。1934年10月初，时任贵州镇远教堂牧师的薄复礼与妻子罗达自安顺返回镇远时，正好与西征入黔的红六军团相遇。这个无意间闯进红军行列的外国人，跟随部队行动了560天，其中跟随红二、红六军团长征时还走了半年。据他自己计算，共跨越了贵州、四川、湖北、湖南、云南五省，行程6000英里（合约1万公里）。

红军同他相遇时，因认为此人有帝国主义侵略分子的嫌疑，一时予以扣留，不过生活上还是处处优待。他随红六军团行动时，军团长萧克在一座

由张国琦翻译、昆仑出版社出版的薄复礼记述长征的著作。

曾追随红军长征的英国传教士薄复礼。

法国教堂找到一张外文贵州地图，请他帮助翻译。薄复礼把地图上重要的山脉、村镇、河流等的中文名称说出来，一一标记在图上。据萧克回忆说，薄复礼翻译的法文地图对红军作战起到了非常关键的作用。

在跟随红军行动的一年多时间里，薄复礼看到红军严明的纪律和奋斗精神与国民党军阀部队有天壤之别，也非常称道，逐渐变成了红军的合作者和朋友。不过他曾提出要在红军内传教，马上受到坚持无神论的共产党干部的制止。

1936年4月12日，红二、红六军团即将北上川康，考虑到路途艰难，萧克便在云南富民亲自向薄复礼宣布了释放令。他对薄复礼说："你是一个瑞士公民，瑞士不是帝国主义国家，没有同中国签订不平等条约，也没有在中国设租界地，我们决定放你走。"送别薄复礼当晚，萧克主持宴会并亲自下厨做菜，被俘后在红军当教员的国民党军中将张振汉、跟随部队长征的贵州知名人士周素园也来作陪。保卫局局长吴德峰还送了路费，并为薄复礼安排了去昆明的安全途径。

薄复礼离开红军之后，在他人协助下写下了长达12章、共计288页的英文回忆录。当红二方面军刚刚结束长征时，薄复礼的回忆录《神灵之手》由伦

薄复礼最早介绍红军长征的著作《神灵之手》的英文版（伦敦哈德尔—斯托顿公司出版）的封面。

敦哈德尔—斯托顿公司出版发行，成为西方人所写的最早介绍红军长征的专著。该书出版后很快在英国脱销，接着又发行第二版和第三版，1937年初又被译成法文由瑞士艾莫尔出版社出版。作者作为传教士，自然不赞成共产党人追求的理想，不过这部回忆录以亲身经历如实说明了红军纪律严明和得到人民拥护的情景，对西方人了解长征还是起到了有益作用。1986年，任全国政协副主席的开国上将萧克经过多方探寻，打听到薄复礼还在世的消息时，又特地委托中国驻英国大使冀朝铸前去问候。

参加红军长征的外国人中，化名李德的德国人奥托·布劳恩因不了解中国实际而瞎指挥，受到中共中央批判。1939年此人回到苏联，被共产国际领导人警告不得再参与中国事务，此后只从事翻译和出版工作。第二次世界大战后李德返回东德，到晚年仍没有认识到自己的错误而参加了反华宣传，此人在中国共产党内一直被当作反面典型。

积极参加红军长征的外国同志，还是一直受到中国人民的纪念。除李德是受共产国际派遣而来，其他参加中国红军的外国人都是出于自愿，将本国革命事业与中国的解放事业联系在一起而努力奋斗。

油画《东渡黄河》表现了中国共产党领导的八路军开赴前线充当了抗战的中流砥柱。（李明峰作品）

例如，在红军长征中担任炮兵营营长的武亭，是一位朝鲜同志，并且是红军中炮兵事业的重要创建者。他在抗日战争结束后返回朝鲜，后来在战争中还担任了前线指挥，不幸于1952年病逝。在长征中担任干部团参谋长的毕士梯，曾在黄埔军校任教并在叶挺独立团中担任过营长，到达陕北后调任红十五军团七十五师参谋长，翌年2月在东渡黄河的战斗中牺牲。他们以朝鲜人身份成为坚定的党员，并在长征史上用赤忱和鲜血写下了自己的姓名。

参加红军长征的外国人中，来自越南的有李班和洪水。李班随中央红军长征在途中掉队被俘，脱险后回国，在越南革命中介绍了中国红军的斗争经验。新中国成立后，李班长期担任越南的外贸部部长，以老战友的身份经常来华洽商援助事宜，李班去世后许多中国领导人还常怀念他。洪水是唯一参加了中国人民解放军从建军到抗日战争胜利全过程的外国人，他毕业于黄埔军校，在江西瑞金时就以师级干部身份到红军学校任教，长征路上又当了连队指导员。红一、红四方面军会师后，洪水因公开批评张国焘南下错误，被打成“国际间谍”开除党籍。不久部队被打散，他千里要饭走到陕北。同志们见到身穿藏袍的他骨瘦如柴，几乎认不出来。看到他对革命的无限忠诚，中共中央为他恢复了党籍。抗战结束后，洪水回越南，参加越南人民军的创建并介绍了中国的经验，在新中国成立后又来华。他在越南和中国都被授予少将军衔（1955年授衔前中共中央曾考虑对他授中将军衔，胡志明的意见是最好与他在越南人民军中的军衔一致），而且是中国人民解放军中唯一的外国籍将军。1956年洪水患肝癌后要求回越南，不久即在河内病逝，中越两国人民始终怀念这位“两国将军”的功绩。

电视剧《两国将军——洪水》。

1941—1956年担任印度支那共产党和越南劳动党（后改名为越南共产党）总书记的“长征”。

中国工农红军长征的事迹介绍到越南后，很快影响到在那里进行革命斗争的共产党人。在1941—1956年担任越南共产党（原称印度支那共产党和越南劳动党）总书记的领导人，原名邓春区，他因对红军的长征十分仰慕，将自己的名字改为“长征”。后来，长征协助从中国回到越南的胡志明，一起领导了争取民族解放的革命战争。

斯诺访问陕北使长征事迹传世界

中国工农红军结束长征后几个月，一本名为《红星照耀中国》的报道集突然震动了西方，销售量为当时世界所罕见。国际舆论界称，这本书“使西方人第一次了解中国共产党人的真实生活”。《红星照耀中国》的作者斯诺以及他当时的夫人海伦，为报道红军长征的真相做出了巨大努力，多少年间一直被中国共产党人称颂。这部书在国内又被翻译成中文，以《西行漫记》为名大量出版，也成为当年的进步青年了解中国共产党和红军的重要资料。

美国记者斯诺于1928年来到上海，首先看到了惊人的苦难，同时也

《红星照耀中国》中译本《西行漫记》，上海复社1938年3月版，胡愈之、王厂清等译。

斯诺著《红星照耀中国》，1937年英国戈兰茨公司第1版封面。

同宋庆龄等进步的中国人士成了朋友。他由衷地同情深受压迫的中国人民，并同来华的美国姑娘海伦结成了夫妻，后来双双到北平任教。他们帮助当地的学生运动，并发表了关于“一·二九”爱国学生运动的宝贵报道和摄影作品，受到国际新闻界的重视。

1936年初，斯诺得知中央红军长征到达陕北，请共产党的忠实朋友宋庆龄给中共中央写了介绍信，便冒险前往。美英几家新闻机构出于探秘猎奇心理，提供了采访费用及摄影器材。1936年6月，由“红色牧师”董健吾护送，斯诺与医生马海德到达西安，再由张学良的东北军掩护，进入陕北苏区的中心保安（今改为志丹）县城。

斯诺进入由几百眼破窑洞构成，满目荒凉的小城保安，首先遇到了周恩来，接着又见到了当时还不为世界所了解的毛泽东，从此与他结下了终生的友谊。有着晚间工作习惯的毛泽东，曾花费了几个长夜向斯诺讲述自身从幼年到革命后的人生历程，这一谈话记录成为毛泽东最完整的自传体资料。

红军在各个苏区奋战时，偏僻农村的条件落后，缺乏摄影器材和洗印设备，没有留下多少影像资料。中央红军长征期间，李克农是唯一背照相机的人，拍了几个胶卷的相片，到陕北后没有条件冲洗，后来带到八路军驻贵阳办事处时又因国民党抄查而遗失。斯诺带来照相机和16毫米小型电影摄影机，拍下了大量照片和几盘电影胶片，留下了红军历史上唯一的影像资料。

到达陕北后，斯诺看到刚经过长征的红军战士终日唱着歌，豪迈地走向

1936年斯诺到陕北时拍摄到的毛泽东形象。

1936年斯诺到陕北见到周恩来时拍下的照片。

战场，共产党人在贫瘠的陕北山区里实现了男女平权、免费教育。尽管红军和苏区民众生活简朴，却人人待遇平等，没有乞丐也没有腐败现象。看惯了国民党统治区的黑暗和等级压迫后，斯诺感到红军和苏区群众是当时中国最自由和最充满活力的人，于是用手中的摄影机和照相机记录下这一切。斯诺还穿上红军的军装，跟随彭德怀指挥的西方野战军前往陇东和宁夏，在敌机低空轰炸扫射和大队骑兵卷起漫天烟尘的前线看到了红军战斗的场景。他采访了大批干部、战士和群众，从这些人口中知道了为什么千千万万苦难的中国人要跟随共产党，并在作品中加以说明。

斯诺在陕甘宁地区采访四个月，离开陕北时恋恋不舍，觉得自己已成为红军中的一员。回到北平的寓所，他以满腔热情写下了采访录——《红星照耀中国》，几个月后在美英出版，马上创造了销售纪录，还传到几十个国家。全世界由此知道了在当时苦难落后的中国，还存在一个朝气蓬勃的红色区域，还有一支刚经过长征的无畏红军。

当时的美国总统罗斯福阅读了《红星照耀中国》后，从长远战略利益考虑，开始产生与中共接触的念头。斯诺夫妇回国后，罗斯福还专门请他们到白宫长谈，以了解中国革命力量的情况，并反复询问："他们到底是些什么样的人？"加拿大共产党员、国际著名外科医生白求恩读到这本书后，对毛泽东和他领导的红军长征充满了敬佩，不久后便不顾一切危险来华支援中国的革命事业，并把它当成自己的事业，不惜为此献出了生命。

《红星照耀中国》用英文写作，出版后随即被国内进步人士翻译成中文出版，也成为非常畅销的书，尤其成为许多进步青年的最爱。为了便于在国民党统治区发行，此书改用中性书名《西行漫记》，不少书商还用了假封皮。抗日战争初期有近4万青年知识分子奔赴延安，其中许多人就是因为看了《西行漫记》而产生了对中国共产党的敬仰之情。

斯诺不是共产党人，而是一个自由主义者。他来华之后的所见所闻，特别是在陕北看到了经过长征的红军后，终于看到了中国的希望所在。在土地革命战争期间，斯诺是进入红色区域进行采访的第一个西方新闻记者。由于他用西方人的笔法写作，自称是在做"公平的、客观的无党派之见的报告"，其作品更易于被接受。那些对国民党长期的歪曲宣传感到厌恶的西方媒体，出于好奇也大量刊登了斯诺的真实报道，结果使广大西方人能够接受。

其实，斯诺在书中的政治观点很鲜明，《红星照耀中国》这一书名就说明了他对未来中国前途的估计。斯诺生长在美国的文化环境中，又受到中国

根据斯诺拍摄的人物照片绘制的油画《红星照耀中国》。（沈嘉蔚作品）

共产党人的感染，能以自由民主的追求与中国革命结合，写出轰动世界的作品。《红星照耀中国》畅销的本身，也说明了红军长征和整个中国革命事业代表人类追求自由民主的方向，从而能在国际上具有巨大吸引力。

斯诺的《红星照耀中国》以英文写作，出版后很快又被翻译成俄、德、法、意、西、葡、日、荷、蒙古、瑞典、哈萨克、希伯来、塞尔维亚等多种文字，风靡全球。苏联在国内宣传中国革命斗争时，也介绍了长征这一典型范例，并出版了斯诺的作品。1943年春，来到苏联卫国战争前线的斯诺，就采访过三位参加过森林游击队的青年女队员。她们原先不认识斯诺，当被问到“是谁教会你们打仗”时，其中一个叫莎莉的回答说：“只有几个老同志能教会我们一些。我们也从一本名叫《红星照耀中国》的书中学到许多知识，那是我们从斯摩棱斯克城买来的，我们游击队里差不多每个共青团员都读过它。”听到自己的书在苏联也有这样多的读者时，斯诺感到非常兴奋，同时也认为正是中国工农红军英勇奋斗的事迹才能感动那么多外国人。

当年中国工农红军长征的业绩，使全世界共产党人与革命志士从中不断汲取精神力量。当西班牙人民反法西斯斗争处于极端艰苦的时刻，当地革命者就以中国工农红军的长征精神来激励自己。以铁托为首的南斯拉夫共产党领导解放区军民进行反对德国法西斯的游击斗争时，曾两次印刷介绍中国工农红军长征的小册子，以此激发战士们的信仰，鼓舞他们的斗志。颇有意思的是，纳粹军队进攻南斯拉夫共产党领导的人民解放军时，也强调了要运用德国赴华军事顾问团协助国民党军“围剿”中国工农红军的经验。

中国革命取得胜利后，长征的事迹及其精神更是被广泛介绍到世界，鼓舞了为民族解放而奋斗的诸多国家。如巴西在1924—1926年也有过一次“普列斯特斯纵队”的长征，即在普列斯特斯这位巴西共产主义运动活动家的领导下，起义反抗政府的千人部队两次穿越巴西全境，转战巴西14个州，行程2.5万多公里，同人数超过他们20倍的政府军进行了53次大战斗和上千次小战斗的拉丁美洲现代史上的一大革命壮举。这次长征虽然最后失败，却促进了巴西人民民主意识的觉醒，也鼓舞了拉丁美洲人民争取民族进步和解放的斗争。中国革命胜利后，长期担任巴西共产党总书记的普列斯特斯对中国的长征业绩十分钦佩，曾于1959年10月率团访华，见到了他敬仰已久的毛泽东。东半球长征的领导者同西半球长征的领导者得以见面时，毛泽东特意设宴招待了普列斯特斯。在此后的岁月中，普列斯特斯经历了政治上、生活上的许多苦难和动荡，直到1990年逝世都没有放弃自己的共产主义信仰。

在后来许多国家的民族解放和革命斗争中，中国的长征已成为他们学习的榜样。直至1996—2006年尼泊尔共产党（毛派）领导武装斗争时，中国

1959年毛泽东在济南宴请领导过巴西长征的巴西共产党总书记普列斯特斯。

尼泊尔共产党（毛派）领导的解放军战士，2003年摄。

工农红军进行的长征仍是其楷模，毛派领导的尼泊尔人民解放军（对外也称“红军”）的军装也是模仿中国工农红军的军装。

长征属于中国，也属于世界，这是因为一种精神的传播是没有国界的。长征精神也是人类精神的宝贵财富，因为它代表了人类勇于奋斗、挑战极限的顽强意志。中国作为一个世界上人口最多的国家，其走向自然会引发全球的关注。长征作为改变中国命运的一件大事，长期让外国的政治家、思想家、历史学家乃至普通民众瞩目，红军在征途中战胜艰难险阻的勇气和成就表现也长久受到国际上许多人推崇，甚至能超越意识形态。1975年美国国务卿基辛格访华时，这位在意识形态上反对共产主义的人就专门向长征英雄致敬，认为这是一次“人类意志极限挑战”的英雄行动。

如今回顾长征，牢记当年初心

红军长征已经过去80多年，中华大地上早已是沧海桑田，当年征途中的万水千山痕迹已经慢慢消失在自然界的变化中。不过，这段历史始终被中国人民牢记，也没有被世界人民忘记。在中国已经崛起的今天，人们回顾长征，更会感到它对中国革命胜利的伟大历史意义。

当中国革命取得胜利时，毛泽东就以长征来比喻说：“夺取全国胜利，这只是万里长征走完了第一步。”中国共产党人领导人民进行了伟大的建设，彻底改变了过去“一穷二白”的面貌，国家经济总量已经跃居世界第二位，人民军队在现代化建设的进程中也取得了巨大的成就。当年红军长征时吃草根、野菜和穿破衣烂衫的情景早已不见踪影，中国人民解放军已由“小米加步枪”迈入机械化、信息化。对如今生活在信息时代和网络环境下的新一代人而言，红军长征虽已成往事，却仍有着不尽的魅力。现代人继续颂扬长征，不忘前辈们的奋斗初心，就要继承他们为振兴中华和实现人类最美好理想而不惜奉献一切的精神。如今的中国人民解放军进行着“三化”建设，在现代化、正规化之外，还要强调革命化，而革命化的最好榜样就是长征。

当年参加长征的红军指战员奋斗的初心，是以不怕牺牲、忘我奉献的精神改变中国的贫困落后面貌，使广大人民过上幸福生活。新中国成立以后包括改革开放后中国革命军人的奋斗目标，仍然是继承这个初心，为此自然应该成为长征英雄们的合格传人。当然，时代的变迁和环境的变化，会使人们奋斗的方式有所改变，例如当年红军在落后的农村根据地用简陋的枪支甚至用刀矛战斗，今天的解放军却是在信息化条件下努力掌握高科技手段。然而，不论条件如何变化，几代人为之努力的根本目标仍然有着历史传承性，都是为中华崛起而努力奉献、奋斗不息。

如今中国军队的物质条件同长征时的红军相比，早已发生了天翻地覆慨而慷的变化，不过仍面临着复杂的安全环境和种种挑战。现在新一代军人继承长征精神，又要体现为学习勇于吃苦、不惧艰难的革命乐观主义，发扬勇于战斗、无坚不摧的革命英雄主义，具备重于求实、独立自主的创新胆略，并要弘扬善于团结、顾全大局的集体主义。长征精神是中华民族百折不挠、自强不息的民族精神的最高表现，也是在国家“硬实力”已大大增强的情况

红军长征是人类历史上辉煌的壮举。（沈尧伊作品）

下所需要增强的“软实力”。

在红军长征胜利结束80多年后的今天，中国军队又面临着全面改革的新任务，这也需要新一代指战员走向为强国强军继续奋斗的新征途。中华民族的崛起，也需要全国人民进行新的长征，努力奋斗去实现百年的强国目标。长征的不朽精神，如同万里长跑中的接力棒，将一代又一代地传给那些有志于为中华崛起而奋斗的人！

油画《七届二中全会》，毛泽东的报告中提出“夺取全国胜利，这只是万里长征走完了第一步”。（秦文清作品）

这幅油画表现了新一代军人的奋斗精神。（李明峰作品）